Gestão e Melhoria de Processos

Conceitos, Técnicas e Ferramentas

CB132562

Leandro Costa da Silva

Gestão e Melhoria de Processos

Conceitos, Técnicas e Ferramentas

BRASPORT

Copyright© 2015 por Brasport Livros e Multimídia Ltda.

Todos os direitos reservados. Nenhuma parte deste livro poderá ser reproduzida, sob qualquer meio, especialmente em fotocópia (xerox), sem a permissão, por escrito, da Editora.

Editor: Sergio Martins de Oliveira
Diretora: Rosa Maria Oliveira de Queiroz
Gerente de Produção Editorial: Marina dos Anjos Martins de Oliveira
Revisão de Texto: Maria Helena A. M. de Oliveira
Editoração Eletrônica: Michelle Paula
Capa: Use Design

Técnica e muita atenção foram empregadas na produção deste livro. Porém, erros de digitação e/ou impressão podem ocorrer. Qualquer dúvida, inclusive de conceito, solicitamos enviar mensagem para **editorial@brasport.com.br**, para que nossa equipe, juntamente com o autor, possa esclarecer. A Brasport e o(s) autor(es) não assumem qualquer responsabilidade por eventuais danos ou perdas a pessoas ou bens, originados do uso deste livro.

S586g Silva, Leandro Costa da
Gestão e melhoria de processos: conceitos, práticas e ferramentas / Leandro Costa da Silva - Rio de Janeiro: Brasport, 2015.

ISBN: 978-85-7452-749-9

1. Gestão de processos I. Título

CDD: 658.4063

Ficha Catalográfica elaborada por bibliotecário – CRB7 6355

BRASPORT Livros e Multimídia Ltda.
Rua Pardal Mallet, 23 – Tijuca
20270-280 Rio de Janeiro-RJ
Tels. Fax: (21)2568.1415/2568.1507
e-mails: marketing@brasport.com.br
vendas@brasport.com.br
editorial@brasport.com.br

site: **www.brasport.com.br**

Filial SP
Av. Paulista, 807 – conj. 915
01311-100 São Paulo-SP

Dedicatória

Dedico este livro a todos os profissionais que buscam fomentar, desenvolver e compartilhar conhecimento para a melhoria da competitividade das organizações em nosso país.

Agradecimentos

Ao meu editor, Sergio Martins de Oliveira, pela oportunidade. E à equipe da Brasport pelo suporte.

À minha esposa, Bárbara, pelo carinho e atenção, tão fundamentais para a realização desta obra.

A todos os profissionais com os quais pude desenvolver conhecimento, ferramentas e técnicas aqui apresentadas: Marcelo Rivas, Marco Ramos, Leonardo Barros, Wagner Freitas, Gustavo Macedo, David Ash e Thais Coutinho.

Apresentação

Este livro aborda de forma objetiva e prática a importância da gestão de processos, por meio de uma base conceitual constituída após consistente revisão sobre o tema, somada a uma visão pragmática, oriunda de muita experiência em torno do mapeamento, da melhoria e do desenho de processos em empresas de serviços e manufatura em diversos segmentos.

O objetivo é proporcionar ao leitor uma visão muito clara e simples acerca das implicações do gerenciamento de processos, em como estes impactam o trabalho das pessoas, a satisfação de clientes, a eficiência, a competitividade e os resultados das empresas. Ficará claro que processos não são um fim para as empresas, e sim um meio para que possam conceber modelos de gestão mais eficientes, orientados para requisitos de desempenho, para "entregas" que devam acontecer por meio da aplicação de recursos organizacionais – pessoas, tecnologia, materiais e capital.

Conhecerá, ainda, ferramentas e práticas que poderão lhe proporcionar meios de atuar mais bem orientado para conquistar resultados que o levem a um patamar superior de desenvolvimento profissional.

A maioria das abordagens e práticas se volta para processos de serviços. No entanto, são facilmente aplicáveis em operações de manufatura, justamente porque as práticas e ferramentas são em geral oriundas das grandes indústrias de manufatura.

Sumário

1. Processos

Não tenho a menor dúvida de que o leitor já possui uma ideia, mesmo que vaga, sobre o que é um processo no âmbito das empresas. Você entra em contato com um processo quando solicita um serviço, quando é atendido em um restaurante, uma lanchonete, quando faz uma compra em uma loja ou por um site. Basta parar por alguns instantes e observar o conjunto de ações realizadas em sequência para que algum produto final seja entregue, para que alguma "entrega" seja feita. Todo processo tem um produto final, um objetivo, uma razão de ser.

De forma bem prática, observe a sequência de atividades que desempenha desde o momento que acorda até o instante em que sai de casa em direção ao trabalho. Mesmo que não seja exatamente da mesma forma todos os dias, certamente há uma sequência padrão de tarefas ou ações que são desempenhadas por você sempre. Algo como: 1) levantar-se; 2) ir ao banheiro; 3) lavar o rosto ou tomar banho; 4) vestir algo; 5) ter um desjejum; 6) passear com o cachorro na rua; 7) voltar para casa; 8) terminar de se arrumar; 9) descer com as crianças; 10) deixá-las na escola; e 11) seguir finalmente para o trabalho.

Que não seja exatamente isso, mas algo próximo. Perceba que há uma sequência de tarefas; de pessoas interessadas no seu desempenho, que atuam em conjunto com você no processo e que recebem serviços seus; há materiais que são usados e transformados; há recursos de tecnologia ou equipamentos (como seu carro ou mesmo um micro-ondas); e, claro, tudo isso gera custos ou é financiado de alguma maneira, ou seja, há o emprego de recursos financeiros para que o processo seja desempenhado. E, ainda, há expectativas e resultados esperados desse processo.

Estou errado?

Se após ter refletido sobre o trecho anterior, você pensou: "mas se for assim, tudo é feito por processos", você está correto. É exatamente isso. Tudo é feito por meio de processos. Nas empresas é a mesma coisa: tudo é feito por processos.

Fica claro então compreender por que é importante o gerenciamento de processos nas empresas. Não apenas o resultado final é realizado por um processo produtivo, seja um produto físico ou um serviço, como tudo que acontece de maneira organizacional nas empresas é por meio de um processo.

Observe a Figura 1:

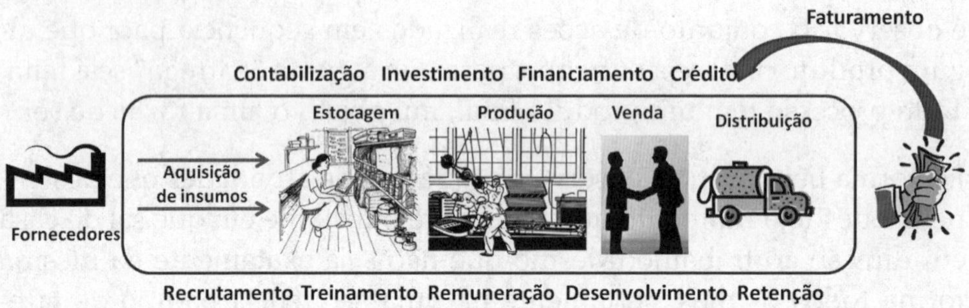

Figura 1. Modelo de negócios: uma estrutura de processos. Fonte: o autor.

Esta figura ilustra de forma macro exatamente um conjunto de processos que são realizados, em uma visão básica, por uma empresa de manufatura, por exemplo. Uma de serviços não ficaria distante dessa visão também, de maneira que é possível entender uma empresa como um conjunto de processos que se destinam à criação de valor, tendo seus processos críticos de negócio e aqueles de suporte ou apoio.

Como Laudon e Laudon (2010, p. 10) colocam: "um modelo de negócio descreve como a empresa produz, entrega e vende um produto ou serviço a fim de criar valor". E, como será visto a seguir, isso significa que a empresa possui um processo de produção, um de venda, um de entrega, além dos demais destinados a apoiar o seu modelo de negócio, como gestão de recursos humanos, contabilidade, finanças, etc.

Aprofundarei o conceito de modelo de negócio mais adiante, mas já gostaria de deixar a ilustração para que tenha em mente que a empresa é um conjunto de processos.

Para seguir e conceber um conceito de processo para este livro, passarei por uma revisão de alguns autores, encerrando com aquele que será o entendimento proposto aqui.

1.1. O que são processos?

Alves Filho (2011, p. 11), ao conceituar processos, aborda que "um processo tem uma lógica operacional (...) fornecem-se produtos e serviços (...) que atendam aos interesses dos consumidores a preços satisfatórios", ou seja, deverá ter valor para eles. Segue ainda apontando a importância do sequenciamento das operações, em como elas foram desenhadas para atender às necessidades de seus clientes. Faz ainda uma observação bastante assertiva: "saber gerenciá-la [a sequência de atividades] é uma função que torna a organização mais eficiente".

Seguindo, aborda a questão de os processos atravessarem a estrutura de setores, de departamentos, de uma empresa. Aponta também a importância de entendermos que os processos possuem entradas e saídas bem definidas. As entradas seriam matérias-primas, como borracha, plástico; ou insumos, como energia elétrica, água, mão de obra. Já as saídas são os produtos ou serviços que são gerados, podendo ser uma cadeira, um carro, uma refeição, um atendimento em uma fila de banco.

Por fim, Alves Filho enfatiza aspectos do processo, que são: sequenciamento das etapas ou atividades, transformação de entradas e insumos, agregação de valor, geração de produto ou serviço específicos como saída e atendimento às necessidades de pessoas, clientes, consumidores.

Valle e Oliveira (2013, p. 3), embora voltados para a gestão por processos, não se atendo a uma definição específica de processo, conceituam o que este representa ao abordar a importância de se compreender a empresa sob uma ótica sistêmica: "as estruturas verticais podem ser complementadas ou substituídas por cadeias de processos horizontais, fluxos de insumos que se transformam em produtos para responder às demandas dos clientes".

Também entendem processos pelos aspectos de transformação de insumos para geração de saídas que objetivam atender a clientes.

Seguindo, Valle e Oliveira (2013, p. 8) apontam que "os processos refletem os fluxos de trabalho diários da empresa". Complementam ainda colocando o processo como "uma estrutura para a ação (...) são a estrutura pela qual a organização faz o necessário para produzir valor para seus clientes". (2013, p. 8, *apud* DAVENPORT, 1994).

Aqui gostaria de chamar a atenção para um aspecto fundamental em processos: "ação". Processo é ação, pois implica na empresa em movimento, "fazendo acontecer", "transformando" decisões, objetivos e metas em realizações.

Processos implicam em aplicação de recursos organizacionais – pessoas, capital, materiais, ferramentas e tecnologia e conhecimento – para a geração de algo. É importante compreendermos os processos como uma cadeia que se constitui em força motriz para as empresas.

Processo é ação.

Sordi (2008, p. 17) também coloca a questão do sequenciamento das operações, visando a geração de um produto final. No entanto, como ele se volta mais para processos de negócios, chama a atenção para a "agregação de valor sob a ótica do cliente final". Aqui deve-se entender que agregar valor para o cliente é entregar aquilo que ele espera, o que necessita, levando-se em conta seus requisitos e expectativas. Ou seja, o cliente espera um produto do processo, mas este deve possuir atributos e funcionalidades que realmente supram sua necessidade.

A mensagem importante aqui se refere aos "requisitos" do cliente, suas "exigências", que, como contrapartida, deverão se tornar atributos ou funcionalidades do produto. O que, por consequência, implica em requisitos de transformação para o processo.

E, por fim, ao referir-se especificamente a processo, usa o termo "fluxo de trabalho" (p. 62), o que também nos remete ao aspecto de ação, de transformação.

Slack *et al* (2008, p. 6-8), em sua obra "Gerenciamento de Operações e Processos", foca na gestão dos processos usando os termos operações e processos como sinônimos, basicamente. Logo no início de seu texto, coloca: "o gerenciamento de operações e de processos trata da forma como as organizações produzem seus bens e serviços". E aponta que tudo o que consome, produtos ou serviços, chegou até você por meio de um processo.

O autor se refere a operações como sendo uma parte específica da empresa ou uma unidade produtiva em específico, responsável pela produção do produto ou serviço que se oferta no mercado. E coloca que estas são formadas por processos. Martins (2006, p. 5), de maneira mais específica e prática, define operações como "o conjunto de todas as atividades da empresa relacionadas com a produção de bens e/ou serviços".

Slack ainda chama a atenção para o fato de as empresas serem uma coleção de processos, ressaltando que, independentemente de áreas produtivas, todos gerenciam processos e entregam um produto em específico: "a função de marketing produz planos de marketing e previsão de vendas, a função contabilidade produz orçamentos (...)". E conclui: "na verdade, cada uma das partes de qualquer negócio está relacionada com o gerenciamento de processos". (SLACK *et al*, 2008, p. 31).

Slack reforça o discurso de que tudo nas empresas se dá por meio de processos. E atenta para o fato de que, em todas as áreas da empresa, cada gestor deve gerenciar o seu processo, utilizando-se de seu aspecto técnico próprio, ou seja, um gerente de marketing é um gerente de processo dentro do escopo do marketing, assim como o gerente de contabilidade é um gerente de processo no escopo das ciências contábeis. Esse ponto é importante porque mostra um aspecto acerca de processo que é justamente o de "gestão". Processos precisam ser gerenciados.

O gestor deve atentar para questões como: o quanto de mão de obra um processo consome? Qual o custo de folha de pagamento que o processo possui? O quanto está processando por hora ou dia? Qual a sua capacidade de processamento? Diversas outras medidas podem ser extraídas.

Rodrigues (2004, p. 54), em seu conceito sobre processos, aponta um aspecto fundamental, o tempo: "um sequência lógico-temporal".

O aproveitamento eficaz do tempo disponível para processamento é fundamental para a capacidade do processo e sua produtividade. Na prática, a capacidade é algo que se dá no tempo. Imagine que você gerencia um processo com tempo de ciclo de cinco minutos, por exemplo, o que lhe permitiria produzir 12 itens por hora – sendo essa a sua meta de desempenho a ser mantida, se você não usar eficazmente sua "janela de tempo", não atingirá a meta, não desfrutará da capacidade que possui. E esse é um grande desafio, principalmente em operações com emprego intensivo de mão de obra. Como você pode garantir que cada membro da sua equipe trabalhe efetivamente cada minuto de tempo disponível? Em processos administrativos tem-se um desgaste muito grande para que o gestor possua métodos eficientes de gerenciar sua capacidade. Mas sistemas de processamento de transações e *workflows* já são grandes facilitadores hoje.

Para gerenciar é preciso medir.

Vale lembrar a ferramenta *balanced scorecard* – criada por Kaplan e Norton no início da década de 1990 –, que focou em colocar para o mercado a importância de traçar indicadores de desempenho, além dos financeiros, para que os gestores tivessem outras perspectivas de performance e gerenciamento nas empresas, apontando em específico para a perspectiva de "processos internos", que, àquela época já se via como tendência gerenciar "medidas de custo, qualidade, produtividade e tempo" para os processos que atravessavam a estrutura organizacional.

Outro ponto importante na abordagem de Slack (2002, p. 42-46) é que, ao compreender a empresa como um conjunto de processos, coloca que as áreas são fornecedoras e clientes internas – em uma abordagem estritamente orientada a processo, ora um processo pode ser fornecedor de um processo, ora cliente de outro. Ressalta também que todo processo possui entradas, saídas e clientes específicos.

Não poderia deixar de citar a visão da *Association of Business Process Management Professionals* (ABPMP) – Associação de Profissionais de Gerenciamento de Processos – do Brasil, que, por meio do BPM CBOK (2013, p.34), coloca que o processo é uma composição lógica de atividades, que são na verdade o trabalho efetivamente realizado. Deixa claro, também, uma visão de transformação e ação.

ABPMP (2013, p. 35), especificamente definindo, processos aponta: "é uma agregação de atividades e comportamentos executados por humanos ou máquinas para alcançar um ou mais resultados". Também corrobora com essa visão o *International Institute of Business Analysis* (IIBA) – Instituto Internacional de Análise de Negócios – por meio do Guia BABOK (2011, p. 198).

O IIBA (2011, p.198) também acrescenta um aspecto fundamental que é o do processo ser "repetível". Isto é, o processo vai se repetir tantas vezes quanto forem necessárias para que seus clientes sejam atendidos. Então vem outro aspecto fundamental: a padronização. Para que se possa ter "repetibilidade", é necessário existir padronização, sem a qual seria também impossível ter qualidade nos produtos ou mesmo a possibilidade de melhorias ou produtividade, como coloca George (2004, p. 289).

Após essas abordagens, é possível listar os aspectos tratados:

- ❖ Sequência lógica operacional.
- ❖ Fornecimento de produto ou serviço.
- ❖ Cliente final.
- ❖ Valor.
- ❖ Necessidades e requisitos de clientes.
- ❖ Entradas e saídas.
- ❖ Recursos.
- ❖ Transformação e ação.
- ❖ Gerenciamento.
- ❖ Padronização.

Claro que eu poderia estender a lista e as abordagens, mas ficaria demasiadamente repetitiva.

Então, creio que podemos ter como entendimento que processo é uma sequência lógica de operações, atividades ou tarefas, que aplica recursos organizacionais para a geração de um produto ou serviço que atenda às necessidades de um cliente ou consumidor.

É a partir dessa visão que tratarei os assuntos referentes a processos ao longo do texto.

Essa é uma visão bastante prática e simples, como deve ser ao se tratar do tema. Por mais que hoje, no cenário empresarial, existam diversas variáveis – como a velocidade das mudanças de comportamento e requisitos de consumo; concorrência acirrada, avanços tecnológicos, surgimentos de novos modelos, visões e ferramentas de gestão –, se há uma "entrega" a ser feita, uma necessidade a ser atendida, isto ocorrerá por meio de um processo e se dará sob os aspectos aqui listados e o conceito apresentado.

Na sequência, ofereço a Figura 2 ilustrando tudo o que foi visto até o momento.

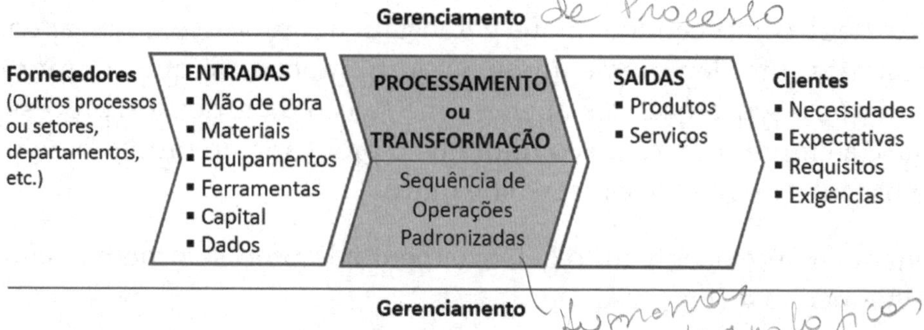

Figura 2. Ilustração do conceito de processos e seus aspectos. Fonte: o autor.

1.2. A importância dos processos para os negócios

Confesso que parece redundância abordar a importância dos processos para os negócios após ter percorrido os aspectos, conceitos e entendimentos anteriores. Estes basicamente "falam por si".

Mas gostaria de frisar a necessidade de compreender tal importância, partindo da premissa (ou visão) de que as empresas funcionam a partir dos processos. Estes são o modelo lógico que permite e direciona a eficiente aplicação de recursos para criação de valor.

Se você é um gestor ou profissional atuando em uma empresa, pare um momento e observe ao seu redor. Perceba que o trabalho realizado pelas pessoas, os equipamentos disponíveis, os materiais ou ferramentas só fazem sentido porque há um modelo lógico direcionando sua aplicação, dando-lhes uma razão de ser, um objetivo. Faça algumas contas básicas e veja o quanto de recursos financeiros estão sendo aplicados.

Embora pareça fácil ter essa percepção, confesso que, ao longo dos anos em que venho trabalhando na liderança de projetos de melhoria de processos em empresas, é muito comum lidar com gestores que se encontram com dificuldades em relação à qualidade do que estão entregando ou à capacidade de entregar o que esperam de sua área, por não compreenderem que estão gerindo um processo. Mais adiante você verá a importância de colocar os gestores diante dessa perspectiva, deles compreenderem que gerenciam um processo, e não apenas uma área, um departamento ou setor. É importante que compreendam que o seu processo é apenas uma fração da cadeia de processos que é a empresa. É muito comum que o problema no processo de um setor tenha origem no processo de outro.

Quanto mais eficiente for o gerenciamento do processo, melhor será o desempenho da empresa.

O processo permite que a empresa trabalhe orientada para a visão do cliente, para seus requisitos, suas necessidades, seja o cliente externo (o cliente final), seja um cliente interno (um setor), outro processo ou mesmo um funcionário. Imagine, por exemplo, se um "processo de folha de pagamento" não levasse em conta as necessidades e os requisitos de um funcionário. Imagine o impacto na força de trabalho se os salários não fossem pagos correta e pontualmente! Ou pense em um processo de fabricação qualquer, uma operação de produção de algum item, que sempre receba como "produto" de um processo de vendas previsões equivocadas, pedidos com dados ou quantidades de itens erradas, por exemplo.

O mau gerenciamento dos processos representa o caos para as empresas.

Quando abordo visões ou conceitos como "modelo de negócios" (LAUDON; LAUDON, 2010, p. 10), ou de "Cadeia de Valor" (MINTZBERG, 2001, p. 93, *apud* PORTER, 1983, p. 3), ou a estrutura proposta na Figura 1, refiro-me sempre à empresa como uma cadeia de processo que viabiliza a criação de valor para o negócio. Como coloca Osterwalder (2011, p. 15): "o modelo de negócio é um esquema para a estratégia da empresa ser implementada através das estruturas organizacionais dos processos e sistemas". Kaplan e Norton (1997, p. 97-98) traçam uma cadeia de valor quando propõem uma melhor maneira para que os gestores tracem seus processos e medidas críticas de gerenciamento e performance:

> *(...) recomendamos que os executivos definam uma cadeia de valor completa dos processos internos que tenha início com o processo de inovação – identificação de necessidades atuais e futuras dos clientes e desenvolvimento de novas soluções para essas necessidades –, prossiga com os processos de operações – entrega de produtos e prestação dos serviços aos clientes existentes – e termine com o serviço pós-venda – oferta de serviços pós-venda que complementem o valor proporcionado aos clientes pelos produtos ou serviços de uma empresa.*

Antes de seguir, gostaria de ressaltar a necessidade de compreender o processo de faturamento (emissão de nota fiscal ou um título bancário) como crítico em um modelo de negócio. Sem este, não se cria valor para o negócio, de fato. Na prática, criar valor para o negócio é, também, gerar "contas a receber". Além do mais, é comum as empresas investirem esforços para melhorar os fluxos de trabalho entre "produzir o pedido do cliente" e "faturar o pedido", de maneira que não haja demora em transformar aquele pedido em valor.

Além dos processos de produção e entrega do produto ao cliente, há os de faturamento, cobrança e processamento de contas a receber, que tratam da apuração de receita. Não se pode excluí-los da concepção de cadeia de valor.

Atente para a Figura 1 e perceberá que aponto o processo de faturamento.

Portanto, gostaria de deixar uma concepção de cadeia de valor entendida como o conjunto de processos por meio do qual a empresa adquire seus recursos, aplica-os para transformação de produtos e/ou serviços, vende-os, entrega, fatura e apura a entrada de receita para o negócio.

Por essa visão, compreende-se o ciclo de valor, desde o desembolso de caixa para aquisição de recursos, o custeamento da aplicação destes para geração de valor agregado ao negócio, até o momento em que se tem a apuração de receita (valor efetivo).

Assim, é fundamental que os gestores e profissionais que anseiam por melhorias de performance, resultados financeiros, satisfação de clientes, produtividade, etc. tenham uma perspectiva de processos. Sem isso, não conseguirão identificar qual "elo" a ser melhorado para que a performance do processo e, consequentemente, do negócio melhore. O elo pode ser uma atividade mal executada por um setor ou na forma como este entrega seu produto ou serviço ao próximo. Pode ser um funcionário sem treinamento ou habilidade adequada para uma tarefa ou atribuições. Ou um gestor que não compreenda as necessidades dos clientes de seu processo.

Kaplan e Norton (1997, p. 98) corroboram com essa visão, quando criticam que o gerenciamento focado apenas na performance da unidade organizacional é limitado, diante de uma perspectiva de processos, que permita enxergar além das medidas financeiras de "previsto X realizado" de um orçamento para a estrutura, por exemplo.

Sem a perspectiva de processos e seus aspectos, o gerenciamento de um negócio terá mais dificuldades em obter melhores resultados e alcançar objetivos relacionados à atração de investidores, aumento de *market share*, retenção de funcionários, redução de custos, produtividade, aumento de ganhos financeiros, dentre outros possíveis.

O QUE SABEMOS ATÉ O MOMENTO?

» Pessoas entram em contato com processos toda vez que consomem um produto ou serviço.

» Processos implicam em uma sequência de atividades que empregam recursos para geração de produtos/serviços a clientes e consumidores.

» Nas empresas tudo ocorre por meio de processos. Empresas são uma cadeia de processos.

» O não gerenciamento de processos levaria as empresas ao caos.

» Os recursos aplicados nos processos são: pessoas, equipamentos, tecnologia, materiais, capital e conhecimento.

» Todos os gestores, independentemente do segmento em que atuam nas empresas, são gestores de processos.

» Os gestores não devem gerenciar com a perspectiva estrutural, funcional, e sim de processos.

» A cadeia de valor deve ser compreendida como o conjunto de processos por meio do qual a empresa adquire recursos, aplica-os para gerar produtos/serviços, vende, distribui, fatura e apura receita.

2. Gestão de Processos

Como coloquei antes, é muito comum lidar com gestores que não compreendem ou, pelo menos, não veem de forma prática que estão gerenciando um processo e não somente parte de uma estrutura, um setor, uma gerência. Por isso, gosto muito da abordagem de Slack *et al* (2008), referindo-se sempre à gestão de "operações e processos". Devemos compreender que cada parte da estrutura organizacional é uma "operação em versão menor".

Então, gostaria de chamar a atenção nas próximas páginas para as variáveis que compõem a gestão de processos, de maneira que possa deixar para os gestores um aparato de conceitos e aspectos que devem ser pensados e praticados a fim de que eles possam gerir processos, não estruturas.

2.1. O que é gerenciar?

Gerenciar é algo que somente a prática possibilita aprender e desenvolver com o tempo, o que não dispensa diversos treinamentos, literatura e ferramentas sobre o tema disponíveis no mercado. E perceba que estou falando de gerenciar, não de liderar. São coisas próximas, mas diferentes.

Liderar está diretamente ligado à gestão de pessoas, em como lidar com elas; motivá-las; recompensá-las; direcionar seus esforços, orientando-as sempre para resultados.

Gerenciar está mais voltado para o emprego dos recursos da empresa para o alcance de resultados, não excluindo os recursos humanos (são os mais valiosos), mas muito voltado para o "como" se empregam os recursos, a eficácia no alcance dos objetivos. Gerenciar implica em aplicar os recursos da empresa – pessoas, materiais, capital, tecnologia, conhecimento – no atingimento dos objetivos de negócio.

Armstrong (2008, p. 19) corrobora essa visão, enfatizando a importância da gestão de recursos humanos, mas também considerando os demais: "gerenciamento é um processo que existe para obter resultados fazendo o melhor uso possível dos recursos humanos, financeiros e materiais". Frisa também que os gerentes existem "para gerar resultados".

Sobral e Perci (2013, p. 102-104), ao abordarem "os parâmetros da ação gerencial", se baseiam no que chamam de "visão onipotente da administração" e também apontam os "resultados organizacionais" como responsabilidade do administrador, que, pela prática e contexto aqui tratado, pode-se por analogia compreender como "gerente ou gestor". Segue expondo: "as diferenças de eficácia e eficiência entre as organizações são decorrentes das decisões ou das ações de seus administradores".

No contexto analisado, Armstrong (2008, p. 20-21), ao listar os "objetivos da gerência e da liderança", coloca dois grupamentos que convém analisar, conforme segue:

Tabela 1. Objetivos da gerência e da liderança. Fonte: adaptado de Armstrong (2008, p. 20-21).

Grupamento	Escopo
Satisfazer necessidades dos clientes	» Promover produtos e/ou necessidades junto aos clientes » Obter contratos para fornecimento de produtos e/ou serviços » Entregar produtos e/ou serviços aos clientes » Resolver problemas para os clientes » Garantir a qualidade dos produtos e/ou serviços
Usar recursos	» Gerenciar recursos financeiros » Adquirir produtos e/ou serviços » Gerenciar recursos físicos e tecnologia » Gerenciar informações e conhecimentos

Dentre as responsabilidades listadas nos escopos, gostaria de ressaltar:

❖ Entregar produtos e/ou serviços aos clientes.

❖ Garantir a qualidade dos produtos e/ou serviços.

❖ Gerenciar recursos financeiros.

❖ Gerenciar recursos físicos e tecnologia.

❖ Gerenciar informações e conhecimentos.

Listo estes por acreditar que estão diretamente ligados ao escopo do gerenciamento do processo e seus aspectos.

Além das responsabilidades relacionadas antes, gostaria de tratar daquelas inerentes aos "papéis gerenciais" que Armstrong (2008, p. 23) aborda:

- **"Fazer com que as 'coisas' sejam executadas":** por "coisas", entendo que o autor se refere ao trabalho (as tarefas) do cotidiano. No contexto deste livro e do que já foi visto antes, isto é "ação".

- **"Descobrir o que está acontecendo" e "reagir a novas situações e novos problemas":** lidar com processos não é lidar com estabilidade. Certamente não, por mais que possa parecer contraditório após a questão da padronização nos processos ter sido abordada. Mas não há 100% de estabilidade em um processo, pois imprevistos ou defeitos ocorrem, como um funcionário que se acidenta ou tem algum mal-estar ou adoece; um equipamento que entra em defeito ou uma situação qualquer que não estava prevista em procedimento; ou uma mudança de legislação, por exemplo.

Vivenciei uma situação dessas em um processo fiscal – recolhimento de impostos – quando a empresa, diante da possibilidade de se creditar de um valor muito expressivo (em torno de R$ 30.000.000,00 à época) que lhe traria uma redução significativa de desembolso de caixa, teve que adiantar o processamento de seus recolhimentos mensais, que podiam ser entregues até o dia 15 do mês subsequente à competência, para o dia 3. Isto é, uma redução de 12 dias de *lead time*. Isso exigiu uma competência significativa em gerenciar a capacidade e a flexibilidade do processo.

- **"Responder às demandas e solicitações":** também similar aos itens anteriores, mas gostaria de salientar situações em que um gestor tem que atender a demandas específicas, que fogem à normalidade, adicionando novo esforço ao processo, como atendimento a uma auditoria interna ou externa, ou quando alguém solicita um sanduíche em uma loja de *fast food* (nas quais tudo que é servido é altamente padronizado) e pede que não seja adicionado cebola ou alface, por exemplo. Isso implica em gerenciar a flexibilidade do processo.

Que entendimento pode-se ter do que é gerenciar então?

Acredito que o alcance de resultados seja a mensagem principal. E de fato é. Na realidade das empresas (minha experiência é toda no setor privado), os gerentes são vistos como aqueles responsáveis por implementar programas ou projetos, tomar decisões, empreender ações que as levem ao alcance de seus objetivos de negócios. Aqueles que exercem papel gerencial sabem que suas avaliações de performance são baseadas sempre em resultados mensuráveis quantitativa e financeiramente e por completude, sucesso na implementação de projetos ou programas.

E é fundamental que se compreenda que, para o gerente, o processo deve ser visto como um meio para o alcance de seus resultados.

Aos leitores deixo a mensagem que, embora este seja um livro sobre processos, não entendo em momento algum que estes são "fim" para o gestor, mas, sim, meio. O que se deve ter como fim nas empresas são os resultados que ela almeja, seus objetivos de negócio, sua visão de futuro. Para alcançarmos estes, temos os processos como meio.

Nesse sentido, recomendo a leitura dos conceitos acerca do *balanced scorecard* (BSC), basicamente uma ferramenta para tradução da visão e missão da empresa em objetivos e indicadores de desempenho distribuídos ao longo de suas quatro perspectivas – de finanças, do cliente, de processos internos e de aprendizado e crescimento (ou inovação, como alguns preferem denominar) – que, por fim, norteiam o processo de gestão do desempenho e da implementação da estratégia visando os objetivos do negócio. O BSC permite às empresas desenvolver uma perspectiva macro de processos por meio de seus mapas estratégicos (KAPLAN; NORTON, 1997).

2.2. O que é gerenciar processos?

Gerenciar processos é gerenciar performance, é gerenciar entrega. Mas de processos. Pode parecer irreal, mas não é incomum alguns gestores não saberem de fato o que entregam para as empresas – ou, ao menos, o que deveriam entregar.

A prática me fez presenciar situações interessantes. Quando os famosos "SLAs", os *Service Level Agreements* ou Acordos de Nível de Serviço (algumas empresas usam a sigla em português também, ANS), começaram a ser estabelecidos, pude verificar que alguns gestores não sabiam de fato o que entregavam, qual era realmente a missão da área na empresa. Consequentemente, não sabiam como medir o próprio desempenho. O mesmo ocorre no caso dos KPIs – *Key Performance Indicators* –, indicadores-chave de performance. E o "curioso" é quando se inicia o processo de medição e os números iniciais apurados são abaixo do esperado. Fica a pergunta: "o que se gerencia aqui, senhor gestor?".

Vivenciei essas situações ao participar do *startup* de um Centro de Serviços Compartilhados, um CSC, há alguns anos. Na oportunidade ficou claro como a falta de uma perspectiva de processos afeta o desempenho de gestores e suas áreas.

Já parou para questionar se o que você realmente entrega para a empresa é aquilo que ela espera?

Por exemplo, o que uma empresa espera de uma linha de produção de um item qualquer? Determinada quantidade de itens produzidos por dia? Determinada quantidade de itens produzidos corretamente por dia? São duas coisas completamente diferentes.

O que uma empresa espera de uma área de contas a pagar? Programação de contas a serem pagas no próximo dia? Programação de contas a serem pagas sem juros e multas no próximo dia? Mais uma vez, são alternativas completamente diferentes.

É possível ainda tornar as entregas mais refinadas. Uma empresa pode esperar que a linha de produção lhe entregue a produção dos pedidos para os próximos 15 dias apenas gerando o mínimo de estoque. Ou pode-se esperar que uma área de contas a pagar entregue os pagamentos que entram para processamento todo dia, independentemente das datas de vencimento. São entregas diferentes em relação às anteriores.

A primeira coisa a saber quando se gerencia um processo é: "o que esperam que o processo entregue?". Quais são as especificações da entrega? Um processo ou uma área de fato só agrega valor à empresa quando entrega para ela aquilo que realmente é requerido e esperado pelo negócio.

A segunda coisa a saber é: "como empregar e gerenciar os recursos para que entreguem conforme especificado?".

Este último questionamento é o mais crítico e para o qual eu gostaria de chamar atenção. Na verdade, este seria o propósito do livro. Como o gestor pode gerenciar o seu processo, a sua operação?

A seguir vou explorar os itens ou variáveis que creio serem críticas para o gerenciamento do processo.

2.2.1. Os elementos dos processos

Aqui discutirei os elementos que compõem os processos.

O cliente

Quem é o cliente do seu processo? O que você produz, processa ou serve é destinado a quem? As saídas do seu processo impactam ou servem apenas ao seu cliente? Quais são os requisitos do seu cliente? O que ele espera de seu processo? Como ele prefere receber o que você entrega?

Essas questões são fundamentais para que o gestor possa estruturar e gerenciar o processo. Veja que estou falando de questões fundamentais, que definem a razão de ser de um processo. Deve-se ter como premissa que o processo existe porque há um motivo, uma razão pela qual aqueles recursos devam ser aplicados. Deve haver uma necessidade a ser atendida. Necessidade esta que vem de uma área, pessoa ou outro processo.

Processos existem para atender a uma demanda.

Durante os anos que tenho trabalhado liderando iniciativas de melhoria e desenho de processos, sempre percebo que, muitas vezes, os gestores não têm uma visão clara de qual ou quais são os clientes de seus processos. Ou não percebem que as saídas de seus processos não atendem ou impactam apenas uma única área ou cliente específico, mas outra ou outras áreas.

Isso pode parecer complexo. Mas tal complexidade se dá pelo fato de se estar falando de uma interação de áreas ou processos em uma empresa. E empresas são entidades complexas, cheias de interações entre pessoas, processos e áreas.

Ao colocar as questões antes listadas para equipes em cujos processos eu trabalhei, não foi incomum haver uma pausa, um silêncio, com as pessoas se entreolhando antes que as primeiras respostas começassem a surgir.

Acredito que a principal causa disso seja o fato de as pessoas trabalharem imersas em suas rotinas, o que acaba reduzindo o seu tempo para parar e refletir sobre o próprio trabalho que estão fazendo. Isso tanto em processos fabris quanto em administrativos, transacionais. Até porque a realidade das empresas coloca esses processos em um mesmo nível de padronização e repetição hoje. Outra causa é justamente a falta de uma perspectiva de processo, de compreender que estão em uma operação, que estão produzindo para alguém, não apenas "trabalhando uma rotina".

No entanto, é fácil responder as questões anteriores. Uma ferramenta muito usada para tal é o SIPOC, sigla em inglês para *Supplier, Input, Process, Output* e *Client* (fornecedor, entrada, processo, saída e cliente). Essa é uma ferramenta simples. Vou abordar sua aplicação no Capítulo 5. Mas já posso adiantar aqui que é por meio da aplicação do SIPOC que temos a oportunidade de colocar as questões levantadas anteriormente.

Recordo-me de um exemplo bem simples que ilustra o que abordei agora. Há alguns anos, eu trabalhava em uma área de desenvolvimento de recursos humanos, em uma multinacional, e uma das pessoas da equipe gastava dois dias inteiros todo final de mês para gerar um relatório que consolidava indicadores de horas e gastos com treinamento de todas as diretorias e suas respectivas gerências e supervisões. O trabalho era penoso, desgastante e estressante, pois, além de gerar e consolidar os números, a pessoa ainda fazia correções de dados que eram fornecidos por pessoas de outras unidades espalhadas em todo o Brasil. Todos da equipe temíamos ter que fazer aquele relatório um dia.

Até que um dia a pessoa responsável por tal relatório deixou de fazer parte do quadro de funcionários da empresa e, claro, alguém precisava fazê-lo. Ao ver o relatório, percebi que ele era simples, apenas números de horas e gastos com treinamento. Então, junto com outro membro da equipe, tracei ações para facilitar a geração do relatório. As principais foram: 1) comunicar às demais pessoas que imputavam dados para o relatório uma forma padrão de fazê-lo; 2) solicitar uma melhoria no sistema de maneira que os campos de dados numéricos aceitassem apenas números, a fim de garantir a padronização que era necessária; e, a mais importante, 3) entrar em contato com a área que recebia o relatório e perguntar quais eram as informações mais relevantes do relatório e para que as usava. Esta última foi definitivamente a melhor ação.

A área precisava apenas dos dados consolidados, macros, das diretorias, sem desdobrar por gerências ou supervisões. E isso representava uma grande diferença em termos de trabalho e horas consumidas para tal. Aliado às outras duas ações tomadas, o relatório deixou de ser confeccionado em dois dias, passando a ser feito em apenas duas horas, no máximo.

Perceba bem que estou falando de um ganho de quase dois dias de trabalho por meio de uma ação simples, mas extremamente importante: saber quem é o cliente e do que ele realmente precisa.

Rodrigues (2004, p. 198) define cliente como uma pessoa ou organização que se beneficia de um produto ou serviço produzido por um fornecedor e que seu nível de satisfação se dá em razão de sua percepção, dada a expectativa que possui.

Então a mensagem central aqui é: para gerenciar o processo, identifique e estabeleça de forma clara para todos que atuam em sua equipe quem são os seus clientes e o que eles esperam.

Identificar o cliente de seu processo não é difícil. Identifique quem são as pessoas ou as áreas que recebem o que você processa. Sente-se com essas pessoas e identifique quais são seus requisitos de entrega.

Já pude mediar, por diversas vezes, compromissos firmados entre gestores de processos fornecedores e seus clientes. Geralmente o "gestor fornecedor" presume o que suas áreas clientes querem, sem parar para verificar se de fato ele está correto. Assim como os "gestores clientes" também não colocam de forma clara o que precisam, mas se conformam em retrabalhar o que chega para eles. Ambos estão errados.

E o mais espantoso é quando todos nós visualizamos que o correto a ser fornecido é mais simples do que aquilo que se entrega. Por várias vezes ouvi: "é somente isso?" após termos firmado nossos compromissos de fornecimento de serviços.

Por isso é preciso compreender que a empresa é uma cadeia de processos – e os elos, as ligações entre os processos, precisam ser fortes. Garantir a perfeita ligação entre os processos, os "elos fortes" da cadeia, é uma responsabilidade gerencial.

Pessoas

Gerenciar pessoas não é uma tarefa fácil. E com aquelas que atuam em seus processos também não será diferente. A questão é que o recurso humano é o mais crítico nas empresas. É o mais importante. De fato, a performance das pessoas é o que faz a diferença. Reflita por alguns instantes em como seria se, por acaso, amanhã você não pudesse mais contar com um dos três melhores membros da sua equipe.

Eu não seria superficial afirmando que pessoas comprometidas alcançam melhores resultados. Isso é um fato que a experiência mostra.

Ao falar de processos, devo colocar que ter pessoas comprometidas em seu time é realmente um diferencial. Agora, pergunto: como gerenciar as pessoas sob a perspectiva de processos?

Nesse caso, deve-se entender que, literalmente, aqui é preciso gerenciar as pessoas como "recurso", como uma fonte de resultados, de ação, de realização. Para tanto, é preciso que se tenha uma clara visão do quanto o recurso humano pode fazer no processo. E aqui me refiro muito à capacidade e à qualidade. Ou seja, o quanto o recurso humano é capaz de processar e com que grau de assertividade.

Atente para a regra geral de ter a pessoa certa na função ou atribuição certa para ela. Eu, por exemplo, não tenho o perfil para trabalhar em operações rotineiras, padronizadas ou mesmo me apegar a detalhes. Como recurso de um processo que implicasse em repetições e padrões, eu seria péssimo.

Para gerenciar as pessoas que atuam em seus processos é necessário ter medidas claras que lhe possibilite tal tarefa. Reflita: o quanto as pessoas que atuam em seus processos são capazes de produzir por hora? E o quanto elas devem produzir por hora para que a produção seja atendida conforme o esperado? Como gerenciar a produção das pessoas?

Para ter a ciência de quanto uma pessoa é capaz de produzir, o melhor a fazer é a aplicação da técnica de tempos e movimentos. Observar as atividades desempenhadas e cronometrar os processamentos realizados de maneira a ter os tempos de ciclo de cada pessoa. Abordarei essa técnica mais à frente. E ela não é fácil.

Lidando com processos, encontrei alguns comportamentos um tanto marcantes: falta de comprometimento, gerando baixa produção; falta de disciplina e atenção às normas da empresa, mesmo tratando-se de segurança no trabalho; falta de motivação; e o pior deles: resistência. Em minha opinião, o resistente é o pior funcionário que se pode ter.

Vou ilustrar alguns casos com base nos comportamentos antes listados.

Um primeiro caso, que retratarei com mais detalhes adiante, quando abordar ferramentas e outros aspectos, se deu em uma equipe com a qual liderei um trabalho de melhoria de performance, em razão de não cumprimento de nível de serviço. Um processo que tinha como meta um *lead time* de três dias estava na verdade trabalhando com 13 dias. Resumindo, liderei uma aplicação de tempos e movimentos e posterior cálculo da capacidade que a equipe poderia ter e comparei com o desempenho real que vinham apresentando. Com o auxílio de dois especialistas em melhoria de processos, fizemos as tomadas de tempo de todos os operadores e o mapeamento das atividades que compunham o processo. Era um processo de recebimento e processamento de notas fiscais que implicava em analisar se havia pedido de compra relacionado às notas, verificar a conformidade do pedido, analisar impostos a serem recolhidos e entregar para as próximas operações (pagamento de impostos e da própria nota em si).

Bom, verificamos à época que as pessoas faziam em média quarenta a cinquenta notas por dia, quando seria possível fazer, ao menos, o dobro. O funcionário *benchmark* chegava a 130 por dia, às vezes mais. Também verificamos que havia um tempo considerável entre um processamento e outro, que nos parecia ser uma demora sem nenhum motivo aparente, a não ser distrações ou falta de comprometimento. Os intervalos chegavam a dez minutos em alguns casos. E ainda também pudemos ver que 60% das requisições de tratamentos que chegavam vinham com algum defeito, o que implicava em retrabalho. Tirando este último fato, o fator-chave do baixo desempenho era a falta de motivação e comprometimento das pessoas. Após todas as medições, mostramos nossas conclusões para a equipe e o respectivo gestor. Após uma sincera conversa entre eles e algumas outras alterações no processo que fiz com minha equipe, conseguimos chegar a um nível de serviço de um dia. A questão-chave colocada para as pessoas foi: "por que estão fazendo menos da metade do que são capazes de fazer?".

Em operações fabris, pude ver como é difícil fazer com que as pessoas cumpram os procedimentos de segurança do trabalho, que visam justamente a segurança delas. Pude testemunhar ou conhecer casos de acidentes que só ocorreram porque os procedimentos de segurança não foram cumpridos, como equipamentos que não foram usados, normas e procedimentos que foram burlados e, o pior de todos, negligência por achar que nada de errado vai acontecer.

Mas o pior, como falei antes, é o resistente. Por mais de uma vez tive que lidar com a resistência de pessoas em mudar sua forma de trabalhar, em assimilar algo novo, mesmo sendo para tornar sua atividade especificamente melhor.

É comum nos trabalhos de melhoria de processos termos que estabelecer uma nova forma de trabalho para as pessoas, principalmente quando adotamos sistemas novos ou outra ferramenta qualquer. Tenho visto muita resistência das pessoas em terem suas atividades gerenciadas por sistemas de controle de requisições, que possibilitam o gerenciamento da produção individual em uma equipe. Isso porque, nesses casos, é possível verificar ociosidades intencionais, como no exemplo da equipe de processamento de notas fiscais relatado antes.

Outra realidade é quando se usa automação de uma atividade ou tarefa, antes exercida por alguém, e tem-se a possibilidade de deslocar esse alguém para uma atividade mais elaborada ou simplesmente nova na mesma área ou em outra. Quanto mais tempo uma pessoa trabalha fazendo exclusivamente uma determinada tarefa, maior o seu nível de resistência. Claro que não é regra geral, mas é comum.

Uma vez tive a oportunidade de enfrentar uma situação onde a pessoa era responsável por processar tipos específicos de transações, pagamentos, que geravam estoques de trabalho. Ao receber as solicitações, o recurso não as processava de imediato, mas as segregava em razão das datas de vencimento, mesmo que fossem para três ou seis meses mais tarde, para só então processá-las na véspera. Ao analisar esse comportamento, verifiquei que, se os pagamentos fossem programados à medida que fossem chegando, o uso desse recurso humano seria muito melhor, mais equilibrado e ainda geraria folga de tempo no último dia do mês, quando ele poderia dar suporte a outras operações de sua equipe. Até o momento, o que verifiquei foi que, trabalhando da forma que preferia, a pessoa ora tinha muito o que fazer, implicando em horas extras, ora muito pouco. Sua produção se dava em picos e vales. Observe o Gráfico 1.

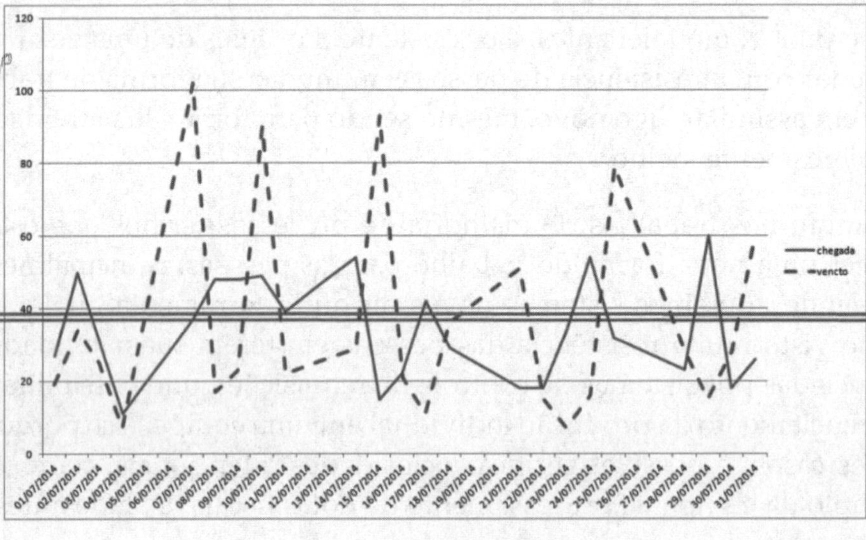

Gráfico 1. Ocupação de recurso humano em um processo de pagamento. Fonte: o autor.

Observe a linha pontilhada: esta representa a forma como a pessoa trabalhava. Perceba que os picos e vales são bastante acentuados. Ora muito o que fazer, ora não. Já a outra linha representa a proposta feita. Embora ainda possua picos e vales, eles são menores, o que ilustra um melhor aproveitamento do recurso e inclusive menos estresse para ele, evitando horas extras e longas jornadas de trabalho.

Perceba ainda que no último dia do mês o uso do recurso seria menor, o que possibilitaria a sua alocação em outras atividades, de forma que pudesse reforçar outras frentes do setor.

Durante os três meses que usei à época para estudar o processo, o comportamento permaneceu o mesmo.

Embora a forma como propus fosse comprovadamente melhor, a resistência para a mudança era enorme.

Nesses casos, a atuação da liderança é fundamental. O gestor deve liderar o processo de mudança com a pessoa. Se alguém não quer mudar, mesmo já tendo ficado claro que se trata de uma melhora e oportunidade para ela, é sinal que há algo de errado. Nesse caso, a nova forma implicava na possibilidade de absorção de novas atribuições, o que acredito não ser bem o desejado pela pessoa.

Em casos como este, há que se pensar a possibilidade de não mais ter a pessoa no quadro de funcionários. Pior do que ter recursos humanos aquém de sua necessidade, é tê-los e não obter resultados com eles.

Por fim, gostaria de enfatizar o quão importante é o gestor compreender que as pessoas são recursos produtivos em um processo, e que a partir dessa premissa cabe a ele recrutar adequadamente a pessoa certa para as atribuições a serem desempenhadas. Garantir a pessoa certa na vaga certa. Ao gestor cabe a responsabilidade de gerenciar se a performance entregue pelo recurso humano é aquela que se espera. No exemplo da operação de processamento fiscal, citada anteriormente, um dos fatores que contribuía para a baixa performance da equipe era o fato de o gestor não mensurar a respectiva produção. Nenhuma equipe baixa seu patamar de produção sem que o gestor não seja também culpado ou responsável por isso.

É fundamental que o gestor de pessoas deixe claro para elas o quanto e com que qualidade se espera seus resultados. Sem isso, a performance não vem.

Quando se coloca o gestor em uma perspectiva de processo, exige-se mais dele em relação à gestão de pessoas, pois seu gerenciamento deve ser feito pautado por medidas. A experiência me mostra que muitos gestores não estão prontos para lidar com situações em que os números mostram que a performance de algumas pessoas está aquém do necessário. Nessas situações, o gestor deve buscar corrigir tal performance em conjunto com a pessoa. No entanto, algumas vezes isso não é possível. A pessoa pode não ser adequada para fazer as atribuições que recebeu ou simplesmente chegou em seu limite. Encontrei gestores "paternalistas" que encobriam essas situações alocando mais pessoas ao processo, em vez de realmente enfrentar e corrigir a situação. Esses são os piores gestores, pois encarecem a operação, não conversam com a pessoa e, por superproteção, acabam impedindo que ela se corrija ou se desenvolva. Em todas as situações que vi, a história não acaba bem para nenhum dos lados. Ou o recurso humano de baixa performance acaba demitido por um gestor mais enérgico que passou a liderar o time, ou a área é terceirizada por ter se tornado cara demais – ou ainda, de forma covarde, o então complacente gestor aproveita um movimento da empresa de redução de seus quadros funcionais e demite o funcionário, alegando que não é uma decisão dele, mas da empresa.

Gestor paternalista forma equipes fracas.

Materiais

Outro componente dos processos são os materiais usados para ser transformados ou para transformar – como apontado por Slack *et al* (2008), os "a serem transformados" e os de "transformação". Tanto em processos fabris como em processos de serviços, materiais são consumidos no processo para que o produto seja gerado, sendo estes matérias-primas, componentes ou insumos como água ou energia elétrica. Especificamente em operações transacionais, esses materiais basicamente se compõem de itens de escritório, como papel para formulários e impressões, cadernos, agendas, lápis, canetas, etc.

Quando se trata de consumo desses materiais em processos produtivos ou de serviços, estes se tornam custos de produção, que terão impacto direto no preço do produto. Já quando se trata de processos transacionais, estes são geralmente contabilizados como despesas administrativas ou gerais. Depende dos termos usados em cada empresa.

Martins (2006, p. 262) aborda que as necessidades de materiais, tanto de clientes internos quanto externos, são analisadas para que a empresa possa programar o quanto de estoque precisa ser reposto, gerando ordens de compra para os itens que são supridos por fornecedores ou ordens de produção para aqueles itens produzidos internamente, pela própria empresa.

Para Martins, o ciclo da administração de materiais se dá conforme a Figura 3, que envolve: 1) análise para verificar se serão necessárias ordens de compra ou de produção; 2) reposição de estoques; 3) o recebimento destes, implicando nas verificações de qualidade, de conformidade com os requisitos, com o pedido, a entrada de notas fiscais e contabilização financeira e de estoques; para então seguir com o 4) armazenamento, garantindo a integridade dos itens para que possam ser disponibilizados para os processos, quando solicitados por meio de um processo de 5) logística de distribuição.

Figura 3. Ciclo da administração de materiais. Fonte: adaptado de Martins (2006, p. 262).

Vivenciei essa realidade como Coordenador de Planejamento e Controle de Produção de Materiais, quando pude perceber como é fundamental a gestão dos estoques, no que tange ao seu impacto nos custos e níveis de serviço dos processos de produção e consequentemente no negócio. Também quanto a homologar fornecedores que tivessem qualidade, de maneira que os produtos fabricados pela empresa não fossem impactados negativamente. Outro fator era a logística de distribuição dos materiais para as linhas de produção. O pior cenário era ter uma linha parada ou quase parando porque a equipe responsável pela distribuição dos materiais estava sobrecarregada e com isso atrasava a disponibilização dos itens. Creio que o mais importante que aprendi – foi um conselho que recebi – é: como gestor de uma operação, de um PCP, é fundamental conhecer os itens de perto, vê-los, tocá-los, para saber qual é o papel deles no funcionamento do produto, como é montado ou acoplado. Eu dedicava horas observando a montagem dos produtos nas linhas de produção, para entender quais eram os itens mais consumidos no processo e por quê, os mais sujeitos a defeitos durante a montagem, etc. Também ia frequentemente aos armazéns ver os estoques, conhecer os itens, onde ficavam, como eram fisicamente, aprendia (decorava) seus códigos rapidamente. O conselho que recebi de um supervisor da fábrica, alguém experiente, foi: "não fique apenas atrás do computador programando os materiais, vá às linhas conhecer os processos de montagem, vá conhecer os itens e produtos com os olhos".

Como há toda uma linha de conhecimento específica para tratar de gestão de materiais – "Administração de Materiais", "Gestão de Estoques", "Logística de Materiais", por exemplo (MARTINS, 2006, p. 262) – não há necessidade de me alongar muito nesse assunto aqui.

Gostaria então de deixar alguns pontos para os gestores:

- Treine seus funcionários para que não gerem desperdícios, para que não provoquem defeitos ao manusear os materiais.

- ❖ Desenhe processos eficientes de distribuição de materiais junto à equipe de logística de distribuição, facilitando comunicação e acesso aos estoques e linhas de produção ou áreas administrativas.
- ❖ Calcule estoques enxutos, de acordo com a demanda.
- ❖ Exija fornecedores de qualidade.
- ❖ Conheça bem o processo de montagem dos produtos, saiba montá-los.
- ❖ Estude a estrutura dos produtos, conheça bem seus componentes.

Tecnologia e equipamentos

Aqui pretendo tratar da aplicação de tecnologia de informação (TI) e de equipamentos de maneira geral, denominados por Slack (2002, p. 190) como "tecnologias de processo", que incluem desde simples aparelhos de telefone, passando por máquinas ordenhadeiras que substituem fazendeiros, sistemas informatizados de gestão até fábricas completamente automatizadas.

Não há como negar a presença cada vez mais intensiva de recursos tecnológicos nos processos, sejam produtivos ou transacionais. Sordi (2008, p. 91-100) faz um excelente histórico das tecnologias de informação aplicadas aos processos de negócios desde os anos 1960, com os primeiros computadores, até os dias de hoje, com os *web applications* e os recursos de *Business Process Management* (BPM). Da mesma forma, não se pode negar o crescimento das aplicações tecnológicas nos diversos setores do cotidiano.

Observe, por exemplo, o *ranking* das marcas mais valiosas, publicado pela revista Forbes. Veja quantas são de tecnologia. Em 2014, das "dez mais", cinco eram de tecnologia. As cinco mais valiosas eram (FORBES, 2014):

1. Apple
2. Microsoft

3. Google
4. Coca-Cola
5. IBM

Para se ter uma ideia, da tradicional indústria automobilística, a única montadora que aparece entre as dez mais é a Toyota. Ford aparece em 45º, Volkswagen em 56º e Chevrolet em 62º.

A tecnologia é ator intensivamente presente nas rotinas de uma pessoa. Telefones celulares, *smartphones*, GPS, internet, *wi-fi*, carros conectados à internet, videoconferências, os famosos "apps" (o termo ficou assim conhecido com a popularização dos aplicativos usados em *smartphones*), sistemas integrados, pedágios eletrônicos em estradas e shoppings. Certamente você já entrou em contato com algumas delas ou com todas.

No que tange ao gerenciamento da tecnologia por parte do gerente de um processo, Slack (2002, p. 242) coloca alguns deveres para este, dentre os quais gostaria de citar: a) articular como a tecnologia pode melhorar a eficácia da operação; b) monitorar continuamente seu desempenho; e c) atualizar ou substituir a tecnologia quando necessário. É importante entender a tecnologia como uma facilitadora no processo, como um recurso que deve dotar uma operação de maior confiabilidade e produtividade.

Ao que se pode perceber, pelo que tenho visto, a tecnologia é usada para: a) aumentar a capacidade de um processo; b) realizar operações que implicam em risco de acidentes ou operações perigosas; c) realizar atividades rotineiras; d) permitir maior capacidade de comunicação ou de troca de dados; e e) gerenciamento de produção e performance.

Um ponto que não posso deixar de abordar é a questão da substituição do recurso humano pela tecnologia, o que não é novo. Justamente no período em que escrevia este capítulo, tive reuniões com o Diretor Corporativo de Produtividade da empresa em que trabalho, apresentando-lhe minha estratégia de produtividade para os processos que gerencio visando o próximo ano, e apontei a automatização como um dos pilares. Ele concordou e acrescentou um comentário "interessante", ao abordar os ganhos de produtividade que uma outra empresa havia conquistado após implantar robôs em suas operações: "robôs trabalham sem parar, não possuem filhos que adoecem, não engravidam, não se cansam, não tiram férias e nem têm sindicato". Realmente, por essa ótica, as máquinas ganham.

Uma reportagem publicada na Revista Exame, edição de fevereiro de 2015, retrata bem o comentário anterior. Alguns dados são impressionantes, como o fato de haver duzentos milhões de pessoas desempregadas no mundo e a falta de perspectiva de que a economia mundial consiga gerar emprego para todos, sendo ainda a tecnologia um fator que vai piorar esse cenário, justamente extinguindo postos de trabalho. Uma realidade que se vive em gestão de processo é a automatização de atividades de rotina e de nenhum ou pouco intelecto requerido. Um outro dado que ilustra esse cenário, também colocado pela revista, é que, nos anos 1980, o setor bancário do Brasil empregava aproximadamente oitocentas mil pessoas. Hoje, devido ao emprego das tecnologias disponíveis para os serviços desse setor, tem-se apenas a metade do contingente sendo empregada. *Internet banking* e caixas eletrônicos eliminaram a necessidade de um contingente maior nos bancos. Na verdade, como digo em algumas aulas, "hoje todo indivíduo é um bancário", pois a todo momento realizamos atividades que antes cabiam aos funcionários nas agências. Reflita sobre como as operações que faz via internet em seu banco são na realidade operações que um funcionário, como um caixa de agência, deveria estar fazendo para você.

Tem-se ainda que, nos Estados Unidos, na década de 1950 a manufatura correspondia a 40% dos postos de trabalho. Hoje, menos de 5%. A indústria de serviços absorveu boa parte do contingente. No entanto, um cenário já preocupante é o incremento de tecnologia nos serviços. A gigante Amazon emprega robôs em suas operações. Um hotel na Califórnia testa um robô que entrega toalhas, pastas de dentes e refeições nos quartos – todas tarefas antes realizadas por recursos humanos. Em São Paulo, a General Electric (GE) testa um software que fará "na hora" o trabalho que as equipes chegam a gastar semanas para fazer. Ainda no Brasil, máquinas colheitadeiras vêm substituindo os trabalhadores braçais. Uma máquina faz o trabalho de cem pessoas.

A reportagem traz como uma das conclusões a de que as inovações tecnológicas são geradas em uma velocidade maior do que as economias nos países são capazes de gerar empregos. Essa é uma conta que não fecha.

E, claro, diante das vantagens que a tecnologia oferece, como as listadas antes, não há como desconsiderar seu emprego nos processos.

Portanto, se você é gerente de um processo, busque por tecnologias que possam lhe oferecer melhor nível de serviço, redução de custos, acurácia, velocidade e gerenciamento mais eficaz.

Tenho experiência muito positiva com a aplicação de sistemas de gestão de requisições, *workflows* que interligam processos a seus usuários. Através deles, usuários podem fazer suas solicitações, e os "solucionadores" que atuam nos processos podem tratá-las na sequência. Esses sistemas permitem que o gestor tenha em tempo real indicadores de performance de seu processo, como nível de serviço, produção dos indivíduos que compõem sua equipe, requisições em espera, etc.

No exemplo que citei anteriormente, da equipe que tinha um *lead time* de 13 dias e conseguimos chegar a um, dentre as melhorias que implementamos, uma foi a configuração de relatórios em tempo real que mostravam para o gestor o nível de produção de cada indivíduo, o que lhe possibilitava garantir o máximo de ocupação destes, evitando desperdícios de tempo e capacidade.

Capital

Claro, todas as demais variáveis de um processo geram impacto final em outra: capital. Como processos são aplicações de recursos para transformação de algo, compreende-se que haja gastos. O capital é "consumido" pelo processo na forma de custos, se é uma operação fabril; em despesas, operações de suporte, administrativas; nas depreciações de equipamentos e sistemas, etc. Um processo consome os recursos financeiros de uma empresa.

Slack (2008, p. 79-81) coloca que os custos incorridos em um processo podem vir de três fontes: a) empregados; b) instalações, tecnologias e equipamentos; e c) materiais.

É claro que é um gasto feito visando a obtenção de mais capital sob a forma de lucro. Como uma vez um instrutor de *Lean Manufacturing* me disse: *if you want to make money, you have to spend money.* Algo como: "se você quer fazer [ganhar] dinheiro, você tem que gastar dinheiro".

Nesse sentido, Corrêa e Caon (2012, p. 186-218) discutem também o *trade-off* entre melhorar o processo em algum objetivo de desempenho, como velocidade, qualidade ou flexibilidade, visando melhor satisfazer o cliente e o possível incremento em custo. Ou seja, a produtividade pode ser ameaçada quando se busca enfatizar um melhor serviço de acordo com os critérios ou requisitos do cliente. Por exemplo, se estes prezam por velocidade no atendimento, pode ser que o gestor tenha que dotar o processo de mais recursos humanos, o que geraria maior custo com pessoal. Ou se é crítico para o cliente um atendimento diferenciado, que possa exigir pessoas mais qualificadas, isso consequentemente implicaria em maior custo devido aos melhores salários a que fariam jus.

Não há como negar que essa discussão é pertinente. No entanto, é justamente dessa difícil equação que vem a busca por melhoria dos processos, pela produtividade. E, claro, não é fácil.

Costumo colocar para meus alunos de graduação em Administração que a produtividade vem da necessidade de se fechar uma conta, que vem da dinâmica das empresas que visam aumentar seus lucros e participações de mercado vendendo mais, o que as leva a ter que produzir mais. Se vão produzir mais, terão que gastar mais. No entanto, a realidade das empresas nos leva ao desafio de vender mais, produzir mais e gastar menos.

Corrêa e Caon (2012) validam essa necessidade chamando atenção para o imperativo das melhorias do processo, para que se consiga aumentar sua capacidade de melhor oferecer serviços, mas a custos ainda competitivos, colocando a importância das técnicas e ferramentas de produtividade, como o controle estatístico de processos, Six Sigma ou os conceitos de Taguchi sobre qualidade – que entendo como a mais completa visão sobre qualidade.

Além dessa questão, da difícil missão de melhorar performance a custos competitivos, tem-se ainda outros tipos de custos que implicarão a gestão dos processos, os da "não qualidade" e "da qualidade". Corrêa e Caon (2012, p. 167-170) abordam os custos relacionados à qualidade: os de prevenção; os de inspeção; os de falhas internas; e os de falhas externas.

Os custos de prevenção e inspeção estão relacionados às atividades e aos recursos que visam a garantia da qualidade nos processos. Atividades como treinamento de pessoal, confecção de manuais, desenvolvimento de dispositivos que evitem as falhas, os *poka-yokes*, etc. seriam os de prevenção. Já aqueles relacionados a equipamentos para testes, calibração, pessoal de inspeção e verificação de conformidade são os de inspeção.

Em todas as empresas em que atuei e que possuíam programas de qualidade ou de produtividade também incorriam nos custos de fomento e manutenção da cultura de qualidade. Conheci programas com diferentes abordagens e custos, como premiações pagas a funcionários que participavam de concursos ou programas de sugestão de melhoria; multiplicadores ou auditores internos que recebiam valores por hora-aula ou hora-auditoria; premiações pagas mediante o alcance de metas de melhoria, fossem operacionais ou financeiras. Além, claro, do custo de manter uma estrutura orientada para o fomento da qualidade, incluindo pessoal e equipamentos.

E aqueles custos relacionados às correções de falhas ou defeitos, o retrabalho ou ainda os custos da perda com peças defeituosas identificadas ainda dentro da empresa são os de "falhas internas". Os problemas identificados pelos clientes quando do uso do produto, acionamento de garantias, devoluções e até de ações contra a empresa seriam os custos de "falhas externas".

O importante nestes últimos é que o gestor esteja atento aos custos relacionados à ausência de qualidade, àqueles relacionados aos retrabalhos, ao não fazer correto da primeira vez, aos defeitos, aos materiais desperdiçados. O cliente não pagará esses custos. Este é o custo da ineficiência do processo.

2.2.2. Medidas dos processos

Gostaria de iniciar aqui fazendo algumas perguntas a você, gerente de uma operação ou processo: quantas medidas há no seu processo? Quantos indicadores de performance você possui para gerenciar o processo? Qual o principal indicador de performance que você deve gerenciar? Quantas vezes por ano você verifica junto aos seus clientes o grau de satisfação com a sua operação? Que indicadores você usa para controlar a qualidade das saídas do processo?

Responder a essas questões é um exercício interessante para quem pretende aprimorar a gestão de seus processos ou promover ações de melhorias. Afinal, se não há medidas, não há como gerenciar. Muito menos como melhorar.

A seguir reproduzo um *slide* que apresentei em um congresso sobre *Business Process Management* realizado em São Paulo, em novembro de 2014, que ilustra exatamente a visão que acredito ser a melhor para quem gerencia processos. Observe a Figura 4.

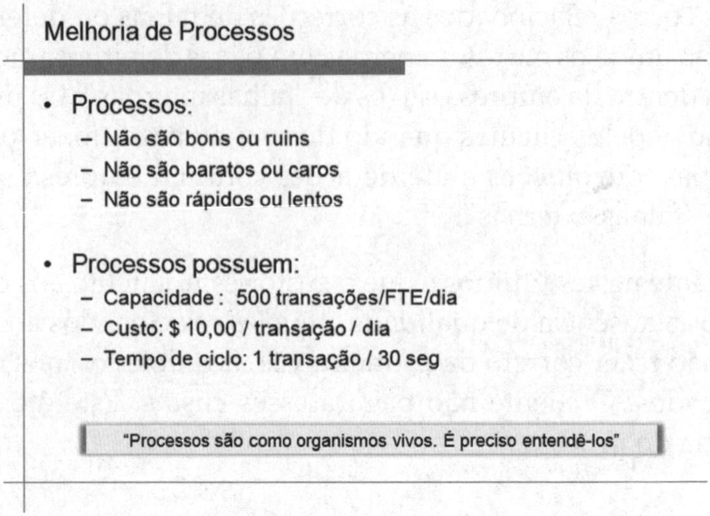

Figura 4. Melhoria de processos. Fonte: o autor.

A ideia é exatamente essa. Processos não podem ser gerenciados ou "medidos" por atributos, por abstração. Processos devem ser medidos, para que assim se possa gerenciá-los. A máxima de que só se gerencia o que se mede é a mais pura realidade. A prática do gerenciamento mostra que somente indicadores de performance mostram de fato o grau de eficiência da gestão. Ao pensar em melhorias, principalmente sem ter medidas de referência anteriores, como será possível afirmar ou auferir que houve melhora após alguma ação ou mudança no processo? É simples a resposta: não há como.

Portanto, vou discutir aqui a importância de estabelecer medidas para os processos, oferecendo práticas e métodos que possam auxiliá-lo a identificar indicadores que permitam gerenciar seus processos.

E já adianto que não vale simplesmente extrair qualquer medida, quantificar e controlar qualquer número de seu processo. Controle o que interessa, meça e gerencie números que de fato são influenciadores da performance que se espera da sua operação, a partir dos quais seja possível tomar alguma decisão. Da mesma forma, de nada adianta adotar medidas usadas por outras empresas, outras operações, e acreditar que é o certo a gerenciar. Medidas de desempenho devem ser identificadas e estabelecidas de maneira customizada à realidade de cada operação, dados seus clientes e requisitos-chave de consumo, dada a estratégia operacional ou de negócio na qual a empresa está inserida e dados os critérios de desempenho que lhe são exigidos. Conforme discutido antes, quando abordei o *balanced scorecard*, gerencie os números que realmente vão lhe direcionar para contribuir com os objetivos de negócio da empresa. Vou aprofundar essa questão em seguida.

Como quantificar os processos?

A seguir listo o que seriam medidas básicas que possibilitam conhecer o processo. Sempre oriento meus alunos e equipes com que trabalho, quanto ao seguinte: "processos são como organismos vivos. É preciso entendê-los". Para isso, precisamos de números que nos retratem tal comportamento.

Então, com a prática dos projetos de melhoria, entendi que podemos encontrar categorias de medidas quando estudamos os processos. Estas estão divididas em quatro:

a) Medidas gerais, que retratam o aspecto mais macro, mais geral do processo.

b) Medidas de valor, que retratam o quanto de valor, financeiramente falando, é processado pela operação.

c) Medidas de retrabalho, que indicam o quanto de desperdício é gerado pelo processo ou que o afete.

d) Medidas de produtividade, que retratam o quanto de produtividade a operação é capaz de imprimir.

Assim, atente para os passos a seguir:

1. É preciso conhecer o processo, ter identificado e estabelecido suas fronteiras, onde começa e termina. Com isso, pode-se saber por onde a demanda entra e onde acaba o processamento,

o ponto em que o produto é concluído, ou seja, a entrega do processo ocorre.

O segundo e o terceiro passos se referem a medidas gerais.

2. Deve-se saber o que o processo entrega, qual é o produto, o que é processado pelas pessoas, de maneira que se possa medir a sua produção. Por exemplo, processos podem entregar pagamentos processados em um sistema, o que pode significar contar ordens de pagamentos solicitadas ou "linhas" processadas em um ERP. Uma operação de *fast food* processa pedidos, que em geral são combos (sanduíche + batatas fritas + refrigerante), o que pode significar contar simplesmente pedidos ou *mixes* de pedidos produzidos. Uma manufatura pode processar peças que podem ser solicitadas por *kanbans*[1], então se pode contar quantos *kanbans* de determinadas quantidades de peças são produzidos.

3. Deve-se auferir qual é a velocidade da operação, seu tempo de ciclo, o que é essencial para a gestão de sua capacidade. Quanto tempo leva para processar um produto? Qual o tempo médio gasto para processar um pedido de um combo em uma loja de *fast food*? Em quanto tempo se processa uma nota fiscal em uma operação de processamento de documentos fiscais?

O quarto e o quinto passos retratam medidas de retrabalho.

4. Identifique o quanto de retrabalho é demandado para a operação. O quanto do que chega vem com defeito? Ou seja, quantas ordens de pagamento chegam incompletas, de maneira que você tenha que devolvê-las para a origem? Quantas solicitações de instalação de TV a cabo chegam com o endereço errado ou incompleto para a operação de instalação?

[1] Neste caso, cartões ou qualquer outro dispositivo que dispare determinada quantidade de produção de um item para reposição de estoque, evitando que haja faltas ou excesso.

5. Meça o quanto de retrabalho é feito no processo, o quanto de defeito é gerado na própria operação. Após isso, como veremos mais à frente, há que se buscar a causa-raiz para melhorar o processo.

O sexto e o sétimo passos abordam medidas de produtividade.

6. Meça o tempo de ciclo de cada operação que compõe o processo, o quanto de tempo é gasto em cada etapa, de forma que se saiba quais são as operações mais lentas, aquelas que mais consomem tempo.

7. Verifique quantos recursos humanos há atuando em seu processo e quantos por etapa, de maneira que se tenha uma visão de quanto de mão de obra se aloca por resultado.

Por sua vez, o oitavo passo retrata a medida de valor do processo.

8. Estime o quanto em valor é processado na sua operação, seja por dia, mês ou ano, de maneira que se possa ter uma noção de quanto a operação representa financeiramente para o negócio. Quanto uma loja de *fast food* processa (fatura) por mês? Quanto uma operação de contas a pagar processa por mês? O quanto em estoque ou em vendas atendidas (faturamento) uma operação de manufatura processa ao mês?

Perceba que esses números são realmente bastante básicos, podem ser extraídos em qualquer operação, de qualquer natureza. A intenção é exercitar um modelo mental para que o gestor de um processo ou operação compreenda que a performance de seu processo, sua dinâmica, pode ser retratada por números e, consequentemente, gerenciada.

Ao enxergar números nos processos, logo o gestor poderá experimentar ajustes e melhoras cujo sucesso poderá ser medido pelo reflexo que é dado nos números.

E, ainda, o alvo é permitir que se tenha uma visão estratégica de gestão do processo. Para isso, mais do que enxergar números, o gestor deve compreender como gerenciar indicadores de desempenho que conectem sua operação com a estratégia da empresa.

Não desista de encontrar os números em um processo. Durante um congresso sobre *Business Process Management* em São Paulo em junho de 2015, deparei com alguns palestrantes, também profissionais da área de processos, que alegaram dificuldades em mensurar seus processos. Confesso que estranhei tal afirmação.

Quando chegou a minha vez, provoquei-os afirmando que todo processo pode e deve ser quantificado. E alertei: não há por que defender a gestão de processos se você não pretende quantificá-los, pois sem isso gerenciá-los é impossível. Então coloquei o seguinte: "vocês acham que seus processos não possuem números? Contem quantas pessoas trabalham no processo. Levantem o quanto essas pessoas produzem por dia, por semana ou por mês. Relacionem esses números e já temos medidas para gerenciar".

Processos possuem um comportamento padrão. Encontre-o e você poderá gerenciá-lo.

Indicadores de desempenho

Indicadores de desempenho não são meros números ou formas de quantificar um processo, são mecanismos que medem o resultado do esforço empreendido para alcançar uma meta ou garantir uma performance. Costumo dizer que indicadores de desempenho retratam o esforço organizacional dentro de um espaço de tempo. Por meio deles podemos mensurar a eficiência dos processos e decisões tomadas dentro de determinado período. É como coloca Rodrigues (2004): "os indicadores são definidos para quantificar os resultados das ações e para estabelecer e valorar o cumprimento dos objetivos específicos e metas".

Há que se compreender que os indicadores devem ser usados para guiar processos em direção ao alcance de objetivos de negócios, de maneira que se possa mensurar o quão alinhado se está com a estratégia que a empresa pretende seguir.

Não se deve sair elegendo indicadores em uma empresa de maneira aleatória ou, como já testemunhei, pelo mero "prazer de medir" e reportar uma série de números que em nada contribuem para a tomada de decisão ou melhoria de operações que de fato impactam na implementação de estratégias. Os indicadores escolhidos devem permitir que os gestores percebam o quanto e como estão contribuindo para a implementação da estratégia da empresa.

O processo de medição de desempenho é crítico para o sucesso das empresas e suas operações. Sem um processo eficiente não há como saber o quão bem-sucedido tem sido o processo decisório.

Ao propor o *balanced scorecard*, Kaplan e Norton discutiram sobre como as organizações devem gerenciar seus negócios com medidas que vão além dos números financeiros, trazendo ainda no escopo da ferramenta a perspectiva de processos, por meio da qual são gerenciados os indicadores críticos para a melhoria de operações, processos e serviços orientados a entregar o que é crítico para a satisfação dos clientes. Mas o mais importante em torno do BSC é que a ferramenta visa, na verdade, ser um veículo de tradução e comunicação da estratégia, missão e visão do negócio. Porque é justamente aí que reside a importância de ter os indicadores de desempenho: para que se possa gerenciar os processos à luz do que é crítico (estratégico) para o sucesso do negócio. Nesse sentido, a proposta de um mapa estratégico por meio do *balanced scorecard* é perfeita (KAPLAN; NORTON, 2000). Da mesma maneira, os processos devem ser calibrados considerando-se o quê e como suas entregas contribuem para o negócio.

É nesse contexto que se deve compreender a importância da medição do desempenho e de seus indicadores, para que se possa ter um modelo de gestão que oriente os esforços dos gestores e suas equipes na direção do que é pretendido pelo negócio.

Serei prático. Imagine uma loja de *fast food*. Certamente, uma de suas entregas críticas é velocidade na conclusão dos pedidos, pois este é um requisito de sucesso em tal segmento. Então, o processo de atendimento dos pedidos deve ter um indicador de "tempo médio" ou "tempo alvo" de conclusão, considerando-se *benchmarks* do segmento e a estratégia da empresa. Medir esse aspecto da performance e gerenciá-lo de maneira contínua permite ao gestor perceber se está em sintonia com a estratégia da empresa. Perceba que se, ao longo de um mês, por exemplo, seu indicador tem ficado acima do alvo do negócio, pode ter certeza de que a forma como gerencia a operação não está contribuindo para o sucesso do negócio.

Voltando ao exemplo da operação de processamento de notas fiscais, que mantinha um nível de serviço de 13 dias: esta não contribuía para uma meta da Diretoria a qual integrava, que era a de reduzir multas e juros quanto a atrasos ou não apuração correta de impostos. Uma vez que se demorava a processar as notas, muitas passavam do período de competência ao qual se deveria recolher seus impostos, o que implicava justamente em mais multas e juros. Ter o nível de serviço como indicador de desempenho significava medir o quanto se contribuía para a estratégia financeira de sua Diretoria.

Portanto, é fundamental, para contribuir com o gerenciamento dos processos, que a empresa possua alguma metodologia para desdobrar, considerando todos os níveis, quais são os objetivos de negócios e como as pessoas podem contribuir por meio de seus esforços.

Corrêa e Corrêa (2012, p. 139) contribuem colocando que medidas alinhadas com as intenções estratégicas não só permitem avaliar o sucesso da implementação da estratégia, ou seja, se ela está sendo realizada como se pretendia, como também contribuem para encorajar um comportamento coerente com essa estratégia. Isto é, promover o engajamento das pessoas em direcionar seus esforços para aquilo que de fato se pretende em termos de negócios.

Ao longo da experiência em trabalhos de melhoria em operações produtivas, pude perceber a diferença entre uma estratégia e uma simples declaração com intenção de ser estratégica, pois se a estratégia não se traduz em ações no chão de fábrica, não é estratégia. Ou seja, se o que se pretende em termos de negócio não se traduz em ações do dia a dia da empresa, não vai ser realizado.

Para que um gestor possa efetivamente contribuir para a implementação da estratégia da empresa e alcance os seus objetivos de negócios de maneira eficaz é fundamental que tais objetivos sejam eficientemente desdobrados e comunicados aos níveis gerenciais da organização. Para tanto, a empresa deve possuir alguma metodologia de gerenciamento estratégico e cascateamento de objetivos e metas para que possa haver a possibilidade de seus processos convergirem para um único alvo, um norte.

Percebe como os indicadores devem ser um *link* entre a performance dos processos e as estratégias da empresa?

Nesse sentido, para o gestor de um processo ficam duas reflexões:

- Como seu processo contribui para a estratégia e os objetivos de negócios da empresa?
- Como gerenciá-lo de maneira que perceba se a sua contribuição está tendo sucesso ou não?

O QUE SABEMOS ATÉ O MOMENTO?
» Gerenciar é empregar os recursos da empresa para o alcance de resultados.
» Há diferença entre liderar e gerenciar.
» O processo deve ser visto como meio para o alcance de resultados.
» A falta de perspectiva de processos afeta negativamente a capacidade de gerenciar dos gestores.
» O gestor de um processo ou operação deve ter uma visão clara sobre o que a empresa espera de suas entregas, sua performance.
» Os processos são impactados por elementos como: cliente, pessoas, materiais, tecnologia, equipamentos e capital.
» Para gerenciar processos é preciso quantificá-los. São necessários números e medidas que retratem sua performance.
» Indicadores de desempenho são mecanismos para gerenciar a performance do processo.

3. Melhoria de Processos

A busca pela melhoria dos processos significa objetivar desempenho superior para a organização, implicando no objetivo de melhor atender a seus clientes, gerar novos produtos ou melhorar os já existentes, desenvolver novas formas de oferecer seus produtos, desenvolver novas tecnologias, reduzir custos, empregar melhor os recursos, enfim, uma série de ações, novas abordagens e concepções que vão direcionar a empresa para novos patamares de competição e resultados.

Olhe o quanto de tecnologia é incrementada no dia a dia, veja a evolução da indústria automobilística ao longo dos anos, o quanto de tecnologia existe em uma cozinha, por exemplo. Veja a quantidade de novos aparelhos eletrodomésticos disponíveis; os novos produtos, como celulares, *tablets*, computadores, etc.

Tudo isso, e foram poucos exemplos, é decorrente de pesquisas e desenvolvimento de novos conhecimentos, técnicas e práticas que conduzem as organizações ao futuro, a novos processos e formas de gerenciar e de conduzir os negócios. A melhoria de processos está no cotidiano das organizações, está intrínseco em seu modelo de negócios.

3.1. O que significa melhorar processos?

Melhorar processo significa entregar performance superior, implica em evidenciar o "antes" e o "depois" por meio de indicadores que mostrem resultados realmente melhores que o cenário anterior às ações implementadas, visando um estado futuro melhor. Para tal é fundamental que os projetos de melhorias sejam conduzidos de forma consistente e estruturada, utilizando metodologias e ferramentas para a identificação de oportunidades e redesenho do processo, permitindo a implementação de novos métodos de trabalho, arranjos de recursos e tecnologias que otimizem e facilitem o fluxo de informações, transações e materiais.

A mensagem que quero deixar, o ponto de reflexão, é que a busca por melhoria dos processos possui uma relevância que vai além das fronteiras das organizações. O desenvolvimento da competitividade, a dinamização da economia, os novos conhecimentos e tecnologias, e a cultura de produtividade e competição devem ser considerados nesse contexto.

Melhorar processos é melhorar organizações. Tornar processos mais eficientes implica em melhorar os resultados financeiros das organizações, o que as leva a crescimento, a reinvestimentos, a uma possível geração de novos postos de trabalho e a dinamização da economia. Os novos conhecimentos e as práticas adotadas melhoram o nível da mão de obra. Os pressupostos das metodologias empregadas, como Qualidade Total, *Lean* e Six Sigma, podem desenvolver novos hábitos e perspectivas para os indivíduos, enriquecendo suas carreiras e seu comportamento.

Gostaria de colocar ainda que, ao abordar e buscar a melhoria dos processos, deve-se compreender uma ótica mais abrangente, de sua importância e, principalmente, daqueles que são impactados, não se restringindo apenas ao cliente, ao usuário. Este, claro, é quem certamente perceberá e receberá de imediato e mais diretamente os benefícios das melhorias implementadas, mas também não será o único.

As partes interessadas em um processo vão além do cliente, incluindo o próprio gestor do processo, sua equipe, seu superior hierárquico, o "negócio" e mais.

Vou retratar por meio da Figura 5.

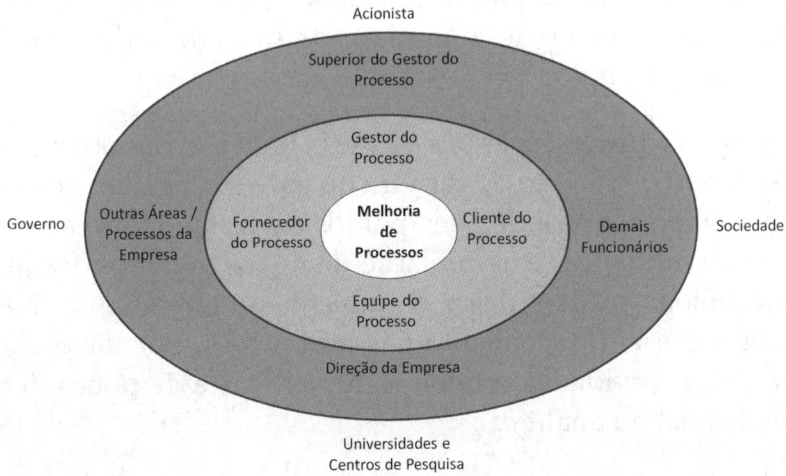

Figura 5. Partes interessadas na melhoria de processos. Fonte: o autor.

Entendendo que o impacto migra do centro da figura para suas bordas, vou discorrer sobre as partes interessadas e suas relações com a melhoria do processo.

No primeiro plano temos:

- **Gestor do processo:** deve ser o maior interessado na melhoria da performance do processo, pois isso retrata sua capacidade de gerenciamento, entrega de resultados e contribuição para o alcance dos objetivos de negócio da empresa.
- **Cliente do processo:** a eles serão entregues melhores produtos ou serviços, tendo assim suas necessidades e seus requisitos mais bem entendidos e atendidos.

- **Fornecedor do processo:** são outros processos, operações ou outras áreas, como gerências, supervisões ou departamentos, que fornecem os *inputs* e que se beneficiarão da melhora do fluxo operacional de tratamento das entradas, da redução de atrasos no processamento, do melhor estabelecimento dos requisitos do processo quanto às suas necessidades e da adoção de tecnologias de aprimoramento de comunicação e troca de dados, como *workflow*, por exemplo.

- **Equipe do processo:** as pessoas se beneficiam das oportunidades de desenvolvimento de carreira quando se engajam nos projetos de melhoria, expondo seus pontos de vista, dando suas sugestões de mudanças e assimilação de novos métodos, ferramentas e tecnologias. Além disso, o ambiente de trabalho fica melhor e ocorre um enriquecimento nas atribuições, por meio da eliminação de atividades rotineiras, repetitivas e de pouca demanda intelectual ou analítica.

Já em segundo plano tem-se:

- **O superior do gestor do processo:** seja um gerente sênior ou um diretor, ele tem a oportunidade de perceber a melhora de processos ou operações que compõem sua estrutura e responsabilidades e também de reconhecer o engajamento das pessoas, novas lideranças, identificar sucessores, etc.

- **Demais funcionários:** a melhora nos processos movimenta a estrutura organizacional, por meio de revisões de escopo das áreas ou departamentos, redesenho de estruturas, movimentação de pessoal por meio de promoções que trazem novas oportunidades de carreiras, seleções internas, etc.

❖ **Demais áreas/processos:** melhorias de processos não geram impactos pontuais – geralmente mais de uma área é impactada, devido à própria natureza do processo, por ser interdepartamental, por atravessar a estrutura, etc. Outro efeito é o surgimento de "ilhas de excelência": à medida que a melhora na performance das áreas envolvidas no processo é percebida pelas demais, seus gestores iniciam suas buscas por também promoverem melhorias em seus processos, o que faz com que ocorra um efeito multiplicador e solidificador da cultura de melhoria.

❖ **Direção da empresa:** ao constituir uma cultura de melhoria contínua, a direção da empresa percebe resultados, como redução de custos, de glosas de faturas ou notas fiscais, de *lead time*, melhora nos índices de satisfação dos clientes, aumento de receitas, etc.

Em um plano maior temos outros interessados:

❖ **Acionistas:** à medida que as empresas melhoram resultados, como redução de custos, ganho de eficiência e produtividade, melhor alcance de objetivos de negócios e implementação de estratégias, aumento de parcelas de mercado, retenção de clientes, etc., as ações tendem a se valorizar e dividendos são distribuídos mais seguramente.

❖ **Sociedade:** é impactada por melhores serviços ou produtos e pela dinamização da economia. Se as empresas crescerem ou novos negócios surgirem, pode haver a geração de empregos – não negligenciando que, em muitos casos, os saltos de produtividade nas empresas levam à redução de postos de trabalho.

- **Universidades/Centros de pesquisas:** parcerias com universidades são traçadas por grandes empresas visando o desenvolvimento de pesquisas para novos produtos, modelos de gestão, tecnologias, etc. Além também de consultorias e pesquisas que são realizadas por professores envolvendo seus alunos, permitindo às instituições a aplicação de conceitos e teorias no campo prático. Ressalto ainda os programas de atração de novos talentos através de estágios e *trainees*, por meio dos quais as empresas recrutam estudantes nas próprias instituições através de feiras e convênios, objetivando a oxigenação de seus quadros funcionais para a geração de novas ideias e percepções.

- **Governo:** o governo se beneficia do desenvolvimento da indústria, da dinamização da economia, da geração de empregos, da melhoria na oferta de serviços e produtos à sociedade, do desenvolvimento de novas tecnologias, do estabelecimento de parcerias público-privadas, etc.

O QUE SABEMOS ATÉ O MOMENTO?
» Melhorar processos significa melhorar a performance das organizações, com implicações diretas sobre seus resultados financeiros.
» A melhoria dos processos produz impactos que vão além das fronteiras das organizações, influenciando a economia, geração de tecnologias, novos produtos e competitividade no mercado.
» As partes interessadas na melhoria dos processos vão além do gestor do processo ou sua equipe; em uma visão mais abrangente, pode-se considerar a sociedade, acionistas, governo, etc.

4. Por onde começar: *Kaizen*

A melhoria de processos é alcançada por meio de trabalho, muito trabalho. E é disso que vamos tratar a partir de agora.

Uma dificuldade percebida no começo de carreira dos profissionais de processos, produtividade, qualidade, etc. é justamente como iniciar as práticas, é saber por onde começar. Como fazer? Com quem? O que fazer? Enfim, iniciar um projeto de melhoria.

Para tal é preciso que o profissional siga uma metodologia. Além disso, é preciso ter ferramentas, conhecê-las e saber como e em que situações aplicá-las.

A partir de agora, oferecerei práticas que podem ajudar no caminho para a melhoria dos processos.

Kaizen significa melhoria contínua ou incremental (LARAIA, 2009, p. 31) e é comumente entendido como ferramenta, método ou filosofia para melhoria em processos. Ao longo dos anos, vi diferentes práticas em torno do *Kaizen*, mas todas sempre são direcionadas para alcançar níveis melhores de performance nos processos. O que é importante saber é que a melhoria deve ser incremental e deve gerar uma ruptura com a performance anterior. Como se viu antes, a melhoria tem que ser evidente, tem que ser quantificável.

Tanto em operações fabris como em serviços, vi aplicações de *Kaizen* que iam desde pequenas melhorias pontuais promovidas por uma única pessoa até mudanças reais de concepções de processos envolvendo novo layout, automatização, reduções drásticas no uso de espaço físico e incremento de tecnologias que foram empreendidos por grandes equipes.

O mais comum de se ver é o *Kaizen* de cinco dias, ao qual por vezes me refiro como o "clássico", uma vez que este é o formato geralmente adotado, também conhecido como "semana-*kaizen*" ou "*one-week-kaizen*" ou, ainda, simplesmente "*kaizen*". Na prática, *Kaizen* ficou associado ao evento de melhoria em si, onde uma equipe se reúne estudando um processo e estabelecendo novas formas de trabalho, identificando oportunidades para gerar melhorias. Já liderei *Kaizen* de cinco dias, outros de três dias ou de apenas um dia. Isso varia de acordo com a complexidade do processo e do contexto no qual se trabalha.

Os procedimentos *Kaizen* são liderados por um especialista em melhorias, seja ele de qualquer formação, desde que possua conhecimento robusto sobre as práticas e ferramentas de melhoria. Há as figuras de *Green Belts*, *Black Belts* ou Especialistas *Lean* que geralmente atuam como líderes também. Os *belts* são profissionais especializados na metodologia e nas ferramentas Six Sigma. Os Especialistas *Lean*, por sua vez, são treinados nos princípios e nas práticas de *Lean Manufacturing*.

A necessidade de realização do *Kaizen* pode nascer de diferentes maneiras. Pode ter sido demandado por um diretor ou gerente sênior quando se entende que alguma mudança na operação deve ser feita, em razão de algum objetivo de negócio ou outra demanda estratégica. Exemplo: o *Kaizen* pode ser demandado para diminuir a área ocupada por um determinado departamento ou linha de produção, para que se reduzam custos com instalações.

Pode também ser oferecido pela própria equipe de processos ou produtividade, após analisar os indicadores dos processos atuais e entender que uma melhoria é necessária. Então, essa equipe busca o apoio dos níveis gerenciais e executivos para propor as melhorias e obter aprovação da intervenção.

Pode ser demandado ainda pelo responsável por determinada operação, um gerente ou supervisor, após receber reclamações de clientes e não conseguir enxergar sozinho as melhorias possíveis.

Pode surgir também à medida que se toma conhecimento de nova tecnologia que possa melhorar o nível de serviço do processo e então se empreende um *Kaizen* para estudo e implementação da tecnologia. Nesse caso, o *Kaizen* toma a proporção de um projeto, adotando práticas de gerenciamento de projetos, como as do *PMBOK® Guide*, por exemplo.

4.1. Preparando o evento

Preparar um evento *Kaizen* é uma tarefa que envolve planejamento, para definir de forma clara quais são os seus objetivos, expectativas de resultados, pessoas envolvidas, recursos necessários e tempo consumido.

E *Kaizen* é algo que se aprende na prática. Quanto mais eventos *Kaizen* o especialista em melhoria liderar ou participar, mais aperfeiçoadas serão suas habilidades e competências ligadas à identificação das oportunidades de melhorias e consequente aplicação de ferramentas e práticas de otimização de processos.

4.1.1. Pré-*Kaizen*: mapeando e entendendo o processo

O "pré-*Kaizen*" consiste nos levantamentos iniciais de dados e informações acerca do processo. É uma etapa fundamental para o sucesso do evento em si, pois é nesse momento que o especialista em melhoria inicia seu estudo e começa a ter as primeiras impressões sobre o estado atual do processo. Isso lhe permitirá planejar melhor o *Kaizen* e as possíveis melhorias que possam ser implementadas.

Essa é uma atividade inerentemente prática; costumo chamar de "trabalho de campo", pois a única forma de executá-la é realmente "no campo", onde o processo é executado. Nos fundamentos do *Lean Manufacturing*, o "campo" é denominado "gemba", que significa justamente a área onde ocorre a ação, o processo, o que é muito orientado em treinamentos sobre o *Lean*, conforme as práticas de Rother e Shook (2003).

Mapear o processo implica em conhecer na prática como este funciona, identificando seu início, suas atividades, tarefa após tarefa, para a fabricação de um produto ou serviço e também seu fim, a atividade final que marca sua entrega.

É importante ter em mente que o alvo desta fase é ter uma visão clara sobre o processo – não apenas de suas fronteiras, mas também de sua performance. É comum que aqui se tenha uma visão macro do processo, ou, pelo menos, não tão rica em detalhes. No entanto, deve-se ter em mente que todos os detalhes devem ser apurados, de maneira que não se tenha uma ideia vaga das atividades que compõem o processo.

Os produtos dessa primeira fase devem ser:

- Visão clara de onde começa e termina o processo.
- Uma primeira versão do mapa do processo.
- Os equipamentos e sistemas que interagem com o processo.
- Dados quantitativos que retratem o processo (medidas de tempo das operações, quantidade de saídas, tempo de ciclo, etc.).
- Uma proposta de estratégia para conduzir o *Kaizen*.
- Uma visão geral de todo o cenário que envolve o processo, como um relatório ou uma apresentação de *slides*, para discutir com o dono do processo, os patrocinadores do evento, etc.

Ao fim do pré-*Kaizen*, deve-se realizar uma reunião com o dono do processo ou com o gerente da área sob estudo e apresentar uma visão geral do que foi levantado, de maneira a ter uma perspectiva que aponte os desperdícios e as oportunidades de melhorias identificadas.

Essa reunião é importante para convencer os donos de processo a apoiar as intervenções necessárias para um estado futuro que se pretenda alcançar. É um momento crucial de "venda" das melhorias que podem ser geradas, principalmente quando se verifica a possibilidade de redução ou realocação de pessoas que atuem no processo. O mais importante é sair da reunião com uma estratégia clara de como o *Kaizen* será conduzido, envolvendo:

- Quais melhorias podem ser alcançadas, redução de tempo de ciclo, redução de espaço ocupado, redesenho de layout, adoção de sistemas ou aplicativos de informática.
- Como as tais melhorias podem ser implementadas.
- Quais pessoas devem participar em tempo integral e quais devem ser *part-time*, aquelas que em algum momento podem ser solicitadas para dar alguma informação ou esclarecer algo.
- Data para realização do evento e sua duração.
- Quais recursos serão necessários para a realização do evento e a implementação das melhorias.

As figuras 6, 7 e 8 mostram exemplos de *slides* de apresentações de trabalhos de levantamento de informações iniciais de uma operação.

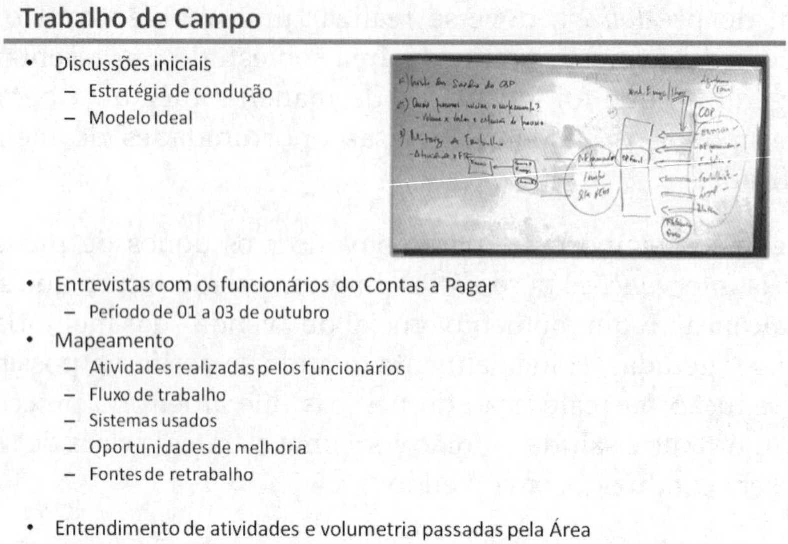

Figura 6. Parte de uma apresentação sobre dados levantados em um trabalho de campo de pré-*Kaizen*. Fonte: o autor.

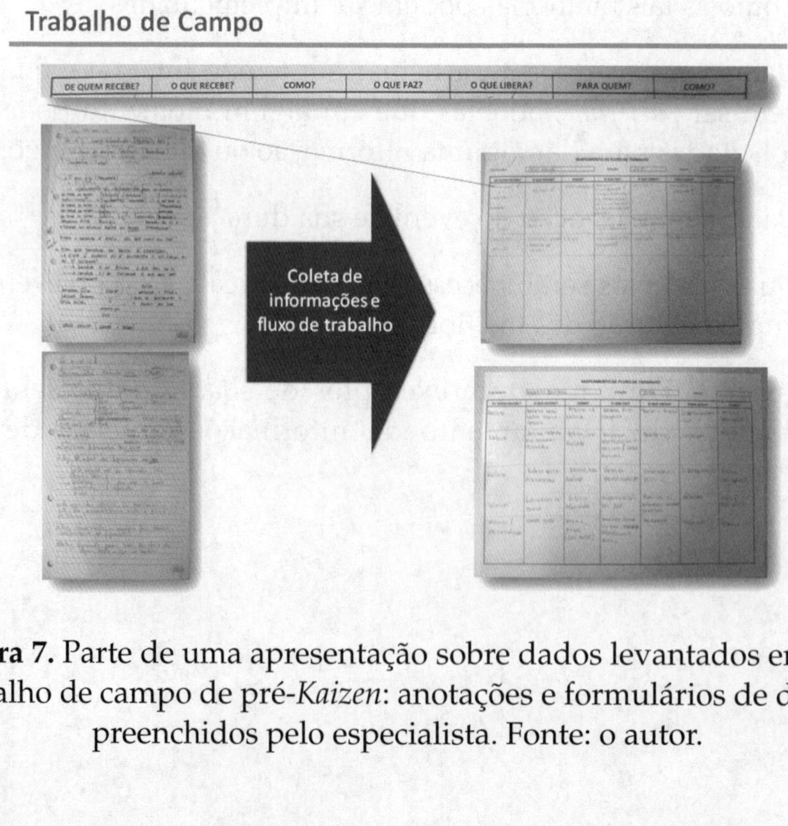

Figura 7. Parte de uma apresentação sobre dados levantados em um trabalho de campo de pré-*Kaizen*: anotações e formulários de dados preenchidos pelo especialista. Fonte: o autor.

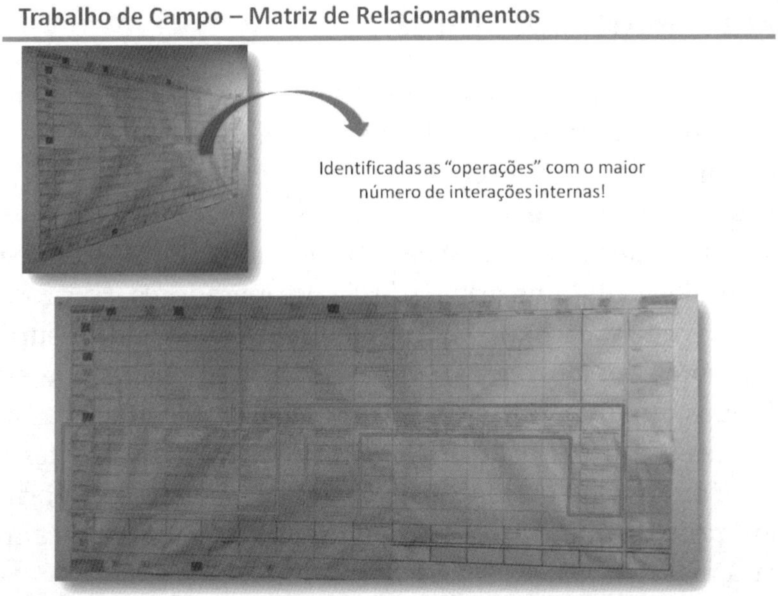

Figura 8. Parte de uma apresentação sobre dados levantados em um trabalho de campo de pré-*Kaizen*: matriz de relacionamentos. Fonte: o autor.

Dou muita importância à reunião com o dono do processo. É quando mostramos os dados levantados, as visões que são possíveis de ter sobre a operação, as reflexões que podem ser feitas – são como um "raio-X" do processo. É o momento onde colocamos o processo em perspectiva, para que o próprio dono do processo, o gestor, possa perceber coisas que no dia a dia acabam não sendo captadas. Este é sempre um momento de captura de "novos horizontes", de enxergar o que antes estava escondido ou simplesmente não era percebido. Isso deve ser muito bem trabalhado pelo especialista de processos, pois envolve chances de aprendizado e identificação de oportunidades. É riquíssimo, principalmente, para o gestor do processo, é a hora de "abrir os olhos e a mente".

4.2. Formação dos times

Além, claro, do especialista em melhoria, de sua equipe e ainda do dono do processo ou gerente da área, o fundamental para a formação de uma equipe para executar o *Kaizen* é: tenha com você apenas pessoas que conhecem e atuam no processo. E atente para o seguinte fato: estou me referindo às pessoas que atuam realmente na operação, aquelas que executam as atividades – os operadores do processo. É um erro grave tentar conduzir uma melhoria apenas com supervisores ou gerentes dos processos, sem envolver as pessoas que estão no dia a dia das tarefas rotineiras. Essas pessoas não são apenas aquelas pertencentes à própria equipe da área ou operação sob intervenção, mas também aquelas pertencentes às áreas ou operações fornecedoras. Lembre-se de que o processo é interdepartamental, portanto você não ficará restrito apenas às pessoas de uma única área.

Outro ator importante é o cliente do processo. Traga-o também para o time. Lembre-se: o foco é a melhoria, e esta deve ser direcionada para o cliente do processo. É fundamental tê-lo no time para construir e validar as soluções propostas durante o evento. Outro fato importante é que, com a presença do cliente, evita-se desenhar algum serviço ou funcionalidade de produto que não agregue valor, o que viria a ser um desperdício.

Comumente, a equipe é formada por um núcleo central, que é o grupo de pessoas que participará em tempo integral no evento, totalmente dedicadas. Podem ser chamados de "Time ou Equipe Principal". A outra parte é formada por pessoas que terão atuação pontual, que serão consultadas para prestar algum esclarecimento ou tirar alguma dúvida relacionada a determinada política interna ou legislação em específico. Podem ser chamadas de "Time de Apoio" ou *Part-Time*.

Por fim, a equipe terá como estrutura:

- O patrocinador do evento, o gerente da área ou dono do processo.
- O especialista em melhoria, que conduzirá o *Kaizen*.

- Outros profissionais que atuarão junto com o especialista, pessoas de sua equipe que lhe darão o suporte na condução do evento.
- Pessoas que atuam no processo, sejam elas da própria operação ou de operações fornecedoras – a "Equipe Principal".
- O cliente do processo.
- Pessoas que serão de caráter consultivo – *Part-Time*.

4.3. O material necessário

Em algum momento, você pode pensar que um *Kaizen* consiste em colar papéis e bricolagem. Em parte, sim. Mas isso é apenas uma das características do evento, da filosofia de integração e participação ativa das pessoas durante o evento.

O *Kaizen* pressupõe o envolvimento das pessoas, seu comprometimento com a melhoria e com as ações realizadas no próprio evento. *Kaizen* é realmente "mão na massa". Por isso, praticamente não são utilizados computadores, por exemplo, durante a sua execução. Os mapas de processo são (em geral) todos desenhados a mão, utilizando-se *post-its*, aqueles papéis adesivos e coloridos inventados pela 3M, e folhas de blocos tipo *flip chart*. Além de canetas "pilot" de diversos tipos e cores e, claro, de cadernos para anotação, lápis, canetas esferográficas, borrachas, tesouras, fitas adesivas, réguas, papel cartolina, etc. Equipamentos que possibilitem também apurar tempos, como cronômetros ou celulares que possuam esse recurso.

Enfim, o especialista em melhoria deve fazer uma lista dos recursos de que ele pode precisar e que tenham características visuais, que possibilitem à equipe ter sempre uma perspectiva visual do processo. Durante todo o evento, muitos dados e informações são levantados e discutidos à luz do fluxo de processamento identificado com o mapa do processo – portanto, tornar tudo isso dinâmico e visual facilita bastante o entendimento da equipe.

4.4. Conduzindo o evento

Cada especialista, devido à sua experiência, cultura e técnicas empregadas na empresa onde atua, ou com metodologia própria de consultorias, vai ter um método específico de condução de um *Kaizen*. Mas, de forma geral, todos seguimos práticas comuns observadas nas metodologias de melhoria e qualidade que cercam o evento.

A condução do *Kaizen* cabe ao especialista, ora chamado de Líder do *Kaizen*. Ele deverá manter as pessoas comprometidas e engajadas durante o evento. Portanto, um especialista em melhoria deve ter a capacidade de liderar pessoas, além de lidar com situações de conflitos que possam surgir durante as discussões para identificação de causas-raízes de problemas. É fundamental que ele possua uma capacidade muito grande de lidar com pessoas, pois o evento é intensivo no que tange a obter as melhorias por meio das pessoas. Além da capacidade de liderar e de lidar com pessoas ser fundamental, outras, que incluem o conhecimento das técnicas e ferramentas de melhoria, também são. Abordarei as competências do especialista de processos em capítulo específico.

Na sequência, uma proposta de agenda para um *Kaizen*.

DIA 1

Horário	Atividade
8h - 8h 30	Abertura do Evento
8h 30 - 9h	Treinamento básico de conceitos e ferramentas
9h - 10h	Apresentação do Pré-Kaizen
10h - 10h10	Intervalo
10h 10 - 10h30	Revalidação dos Objetivos do Kaizen
10h 30 - 12h	SIPOC
	Mapa de Processo Atual
12h - 13h	Almoço
13h - 15h	Mapa de Processo Atual
15h - 15h 10	Intervalo
15h 10 - 17h	Mapa de Processo Atual

DIA 2

Horário	Atividade
8h - 9h	Revisão do Mapeamento do Dia 1
9h - 10h	Retomada do Mapa de Processo Atual
10h-10h 10	Intervalo
10h 10 - 12h	Retomada do Mapa de Processo Atual
12h -13h	Almoço
13h - 15h	Validação do Processo Atual
15h - 15h 10	Intervalo
15h 10 - 17h	Validação do Processo Atual

DIA 3

Horário	Atividade
8h- 10h	Desenho do Mapa Futuro
10h-10h 10	Intervalo
10h10- 12h	Desenho do Mapa Futuro
12h -13h	Almoço
13h - 15h	Análise e Implementação de Melhorias Possíveis e Confecção do Plano de Ações
15h - 15h 10	Intervalo
15h 10 - 17h	Análise e Implementação de Melhorias Possíveis e Confecção do Plano de Ações

DIA 4

Horário	Atividade
8h - 10h	Análise e Implementação de Melhorias Possíveis e Confecção do Plano de Ações
10h-10h 10	Intervalo
10h 10 - 12h	Análise e Implementação de Melhorias Possíveis e Confecção do Plano de Ações
12h -13h	Almoço
13h - 15h	Análise e Implementação de Melhorias Possíveis e Confecção do Plano de Ações / Confecção do Report Out
15h - 15h 10	Intervalo
15h 10 - 17h	Análise e Implementação de Melhorias Possíveis e Confecção do Plano de Ações / Confecção do Report Out

DIA 5

Horário	Atividade
8h - 10h	Análise e Implementação de Melhorias Possíveis e Confecção do Plano de Ações / Confecção do Report Out
10h-10h 10	Intervalo
10h 10 - 12h	Revisão do Plano de Ações e Report Out
12h -13h	Almoço
13h - 15h	Apresentação do Report Out
15h - 15h 10	Intervalo
15h 10 - 17h	Revisão das Ações após a Apresentação do Report Out

Figura 9. Proposta de agenda para uma semana *Kaizen*. Fonte: o autor.

Este é apenas um exemplo. Claro, cada especialista vai seguir um planejamento próprio.

Vou abordar os passos a serem seguidos em cada dia, para que se possa ter um entendimento do que acaba sendo uma proposta de metodologia de aplicação de *Kaizen*.

No "DIA 1":

"Abertura do Evento" – É recomendado que o patrocinador do evento faça a abertura, colocando para os participantes a importância do compromisso com a melhoria contínua nos processos da empresa, da participação e do engajamento de todos ao longo da semana, etc. A figura do patrocinador também é importante nesse momento, para deixar evidente aos participantes o comprometimento das lideranças da empresa para com a melhoria e a produtividade.

"Treinamento Básico de Conceitos e Ferramentas" – É comum que haja pessoas que estejam participando pela primeira vez de um *Kaizen*. Então é recomendável que você separe uns minutos iniciais para abordar de forma rápida, mas consistente, os principais conceitos das metodologias e ferramentas que serão aplicadas durante o evento. Esse momento é importante para nivelar o conhecimento dos participantes, mesmo que de forma básica. Além disso, é importante que eles se sintam parte ativa do evento, que entendam que agora eles também possuem uma visão das ferramentas e dos conceitos que serão usados. Isso é excelente para facilitar o engajamento.

"Apresentação do Pré-*Kaizen*" – Para melhor direcionar os esforços da equipe e provocá-los quanto às possíveis causas dos problemas – e ainda, e melhor, que eles já possam colaborar apontando ideias e soluções –, apresente o pré-*Kaizen*, mostrando a sua impressão sobre como o processo vem sendo desempenhado hoje. Exponha as oportunidades de melhoria que já foram identificadas.

No entanto, tome cuidado para não criticar as pessoas a tal ponto que elas se sintam tolhidas ou culpadas. Ao contrário: você deve mostrar que existe uma forma melhor de trabalhar e que isso implica em melhorias para elas. Mostre os benefícios que terão quando estiverem atuando de uma maneira diferente. É natural que haja alguma resistência quando uma nova forma de trabalhar é apresentada; portanto, "venda" muito bem as motivações para a mudança. Envolva-os. Façaos construir as melhorias com você – assim o resultado é literalmente de toda a equipe.

"Revalidação dos Objetivos do *Kaizen*" – Naturalmente, após possíveis discussões em torno do pré-*Kaizen*, é possível que você precise revalidar os objetivos do evento, então repasse-os com a equipe – inclusive para que todos possam estar cientes das metas do evento.

A partir de agora, o evento mergulha na aplicação prática das ferramentas de melhoria e da metodologia que o esteja norteando. As habilidades e competências do especialista são mais exigidas aqui, pois é a hora de partir para a ação e dar forma ao evento. É o momento de transformar o plano em ação.

Chamo atenção para a necessidade de manter as pessoas engajadas no evento, participando ativamente. Envolva-as, atribua-lhes tarefas, delegue ações e responsabilidades. Conduza o evento, mas não o faça sozinho. Convide-os para arrumar o material, para ajudar a escrever ou anotar ideias que vão surgindo ou temas que se tornaram polêmicos, mas sem aparente solução naquele momento. Mantenha a equipe ativa e envolvida no evento; do contrário, elas podem dispersar e não se sentir parte daquilo.

Atente para o fato de que o tempo corre contra você, portanto evite discussões improdutivas. Corte-as, mas tome nota dos pontos levantados para que possa retomá-los quando tiver uma visão mais apurada – o "estacionamento".

"SIPOC" e "Mapa de Processo Atual" – Na sequência, você pode iniciar a aplicação do SIPOC e da validação do mapa de processo atual. O SIPOC, como abordarei em seguida, vai permitir uma visão das fronteiras do processo e de suas variáveis ou componentes, como fornecedores, entradas, atividades, saídas e clientes.

A validação do mapa de processo atual implica em validar o mapeamento feito no pré-*Kaizen*. Pode-se apresentar o mapa para toda a equipe e ir validando ponto a ponto, detalhando-o e obtendo mais informações. No entanto, a prática mostra que esse procedimento pode não ser suficiente. Se em determinado momento algum ponto não ficou claro, ou alguma tarefa pareceu confusa, volte para o campo e vá verificar *in loco* como acontece, junto com a pessoa responsável por aquele passo. Durante o mapeamento feito no pré-*Kaizen* ou nesse momento, fotos e filmagens são bem-vindas, de maneira a ter evidências de como a tarefa é feita e ajudar a analisar junto com a equipe para entender melhor as oportunidades e novas formas de executar a tarefa.

É importante que o especialista não trabalhe com uma visão superficial do mapa de processo atual, pois isso condenará o trabalho a ser feito. Se ter um mapa de processo atual robusto implicar em retornar para o campo e repassar tarefa a tarefa junto com os operadores, faça isso. E, lembre-se, faça todas as anotações possíveis, não perca nenhum detalhe, tome tempo das operações, das tarefas realizadas, anote os sistemas que são usados, quantas telas, por exemplo, são necessárias rolar para concluir um processamento, faça análises de tempos e movimentos, etc.

No DIA 2:

Siga investindo no refinamento do mapa de processo atual e mantenha o time engajado e atuante. Tire todas as dúvidas e obtenha todas as informações.

É importante também, à medida que for repassando as tarefas com os envolvidos, que você os questione: "por que não tentam fazer algo de forma diferente?". Ou "por que vocês fazem da forma como estão mostrando?". Coloque-os em reflexão, para que possam encontrar novas maneiras de executar as atividades.

Então, no dia 2, mantenha o foco em detalhar o mapa de processo atual junto com a equipe. E envolva as pessoas, tornando-as parte das soluções.

No DIA 3:

"Desenho do Mapa Futuro" – É hora de iniciar o desenho do "Mapa Futuro", aquele que se idealiza a partir das melhorias que foram identificadas. Esse é o momento de desenhar o processo, considerando a implementação das melhorias identificadas; é o "processo melhorado", o seu alvo.

A partir daqui, o especialista e a equipe podem se defrontar com um cenário de soluções imediatas e outras futuras. Ou seja, algumas melhorias podem ser implementadas de imediato, o que implica no processo sendo alterado durante o próprio evento, o que é o alvo e o melhor cenário possível. Mas há também aquelas melhorias que não poderão ser implementadas durante a realização do evento, por carecerem de orçamento, customização de sistemas, aquisição de equipamentos ou máquinas, mudanças de layout que implicam em parar uma operação, etc., o que deve ser feito de forma planejada. Enfim, algumas ações podem carecer de melhor refino e planejamento. Com isso, um dos produtos do evento será um plano de ações a serem implementadas após sua conclusão.

Ao final do evento, as ações implementadas durante sua execução e aquelas planejadas para um segundo momento devem ser apresentadas.

No DIA 4:

Mantenha o foco na implementação das ações possíveis e na confecção do plano de ações. E é o momento para iniciar a confecção do "report out".

"Report Out" – Este é um relatório de conclusão do evento. Geralmente é apresentado por meio de *slides*, retratando o cenário antes do evento, todo o trabalho desenvolvido durante o evento, as melhorias implementadas, como se chegou à concepção dessas melhorias e, claro, quais os resultados obtidos após as implementações, isto é, as melhorias alcançadas. É importante evidenciar o "antes" e o "depois", ressaltando o que já foi alcançado. Apresente também o plano de ações e as melhorias esperadas após a implementação de todas as ações previstas.

No DIA 5:

No último dia do evento, revise as análises ainda restantes das possíveis melhorias e também revise e encerre o *Report Out*.

Para o encerramento, convide as mesmas pessoas que estiveram na abertura do evento, some a elas aquelas que colaboraram voluntariamente ao longo do evento, mesmo não estando na equipe antes. É fundamental que os donos dos processos e as lideranças estejam presentes, para que as melhorias implementadas e planejadas possam ser divulgadas.

Quanto a apresentar o material, vi sempre duas formas: ou o especialista líder do *Kaizen* apresenta todo o material ou os membros da equipe apresentam partes com as quais mais se envolveram. Tanto faz, desde que todo o trabalho e o engajamento obtido durante o evento sejam evidenciados.

O QUE SABEMOS ATÉ O MOMENTO?

» É fundamental que o profissional de melhoria de processos possua uma metodologia e ferramentas que lhe possibilite empreender suas iniciativas.

» *Kaizen* significa melhora contínua ou incremental, é uma filosofia de aperfeiçoamento contínuo de processos e operações.

» Um *Kaizen* pode ser iniciado a partir de reclamações de clientes de um processo, para alcance de um objetivo de negócio, a partir de estudos de uma equipe de melhoria de processos, etc.

» Uma iniciativa *Kaizen* deve ser devidamente planejada e estruturada para alcançar seus objetivos de melhoria.

» Um fator crítico de sucesso para um *Kaizen* é a realização do "Pré-*Kaizen*", uma etapa fundamental para levantar dados, mapear atividades e conhecer o processo a fundo.

» Após a realização do Pré-*Kaizen*, é importante para o especialista de melhoria de processos se reunir com o dono do processo para traçar uma estratégia de condução do evento *Kaizen* e apontar as melhorias que entenda como possíveis.

5. Ferramentas

Muitas são as ferramentas a serem aplicadas para estudo e melhoria de processos. É fundamental que o especialista em melhoria domine suas aplicações, de maneira a saber exatamente qual usar de acordo com os contextos e as situações que enfrenta. As melhores? Ao que a prática me permite: "as mais simples, sempre".

Algo que devemos ter em mente quando tratamos de melhorias é a "simplicidade". Soluções simples, implementação rápida e fácil, simplificação de atividades e processos, tudo isso deve estar no horizonte quando pensarmos nas oportunidades a serem exploradas. Quanto mais simples de compreensão e execução forem as atividades, menor a probabilidade de falhas e erros.

Na sequência, apresentarei um conjunto de ferramentas que costumo utilizar ou que são consagradas pelas práticas vistas no mercado.

5.1. 5S

A primeira ferramenta com a qual entrei em contato ao iniciar a trajetória nos conceitos de melhoria contínua foi o 5S, por volta dos anos 1990, em uma empresa de serviços, durante treinamento sobre Qualidade Total e certificação de normas ISO. Mais tarde, já no início dos anos 2000, tive a oportunidade de ser "Champion de 5S", integrando um programa *Lean* em uma multinacional de manufatura.

Geralmente, tem-se uma visão muito superficial do poder de transformação e melhoria que o 5S possui. Confesso que, no início, nos primeiros contatos com a ferramenta, eu também não compreendia o quanto era importante a adoção de seus princípios. Apenas pude perceber melhor ao assumir o desafio de implementá-la em processos fabris e de suporte, tendo um contexto mais propício, dentro de um programa todo estruturado e indo além da mera "arrumação de armários e mesas".

Os princípios do 5S, como veremos na sequência, possibilitam ao indivíduo a adoção de um comportamento mais produtivo, orientado para a organização, com melhora e padronização de sua área de trabalho e atividades que executa. É fundamental sensibilizar as pessoas quanto à necessidade da busca pela melhoria contínua. As pessoas e seus hábitos são a base de qualquer programa que visa estabelecer uma cultura da melhoria contínua. Sem que as pessoas mudem seus hábitos vigentes e passem a se comprometer com os novos, não há possibilidade de construção de uma nova cultura.

Segundo Rodrigues (2004), o 5S teria surgido no Japão por volta dos anos 1950, tendo sido amplamente empregado nas fábricas do país. A ferramenta é constituída de cinco princípios que norteiam o comportamento das pessoas com relação ao seu local de trabalho, equipamentos e ferramentas que utilizam em suas atividades:

1. ***Seiri***: senso de utilização, também conhecido como senso de "descarte", pois identifica os itens essenciais às atividades exercidas pelas pessoas nas suas operações, de maneira que sejam mantidos no local de trabalho apenas as ferramentas, os equipamentos, os móveis, os arquivos e as pastas que realmente contribuem eficazmente para a realização de suas tarefas. É importante afastar os itens que não ajudam nas atividades, separando-os em dois grupos: aqueles que podem ser aproveitados em outras operações, sendo disponibilizados

ainda na empresa, e aqueles que não têm mais uso ou aplicabilidade, seja por defeitos ou por não serem mais úteis. Aí o que se faz é descartá-los. Este princípio é fundamental como um primeiro passo para a melhoria e eficiência do local de trabalho. Se algo realmente não tem mais utilidade, descarte. Como me orientava uma coordenadora de *Lean*: "para fazer 5S não pode ter coração". Não se apegue a nada. Descarte.

2. ***Seiton***: senso de ordenação. Uma vez separado o que é realmente necessário do que não é, e mantidos na área de trabalho apenas equipamentos, ferramentas e materiais necessários, é hora de ordená-los de maneira a ter mais à mão aqueles que são frequentemente usados. Devem ser devidamente ordenados e guardados aqueles que são utilizados com menor frequência. Tudo deve ser ordenado, identificado e guardado sempre no mesmo lugar, de maneira que sempre se possa encontrar qualquer coisa à medida que se precise.

3. ***Seiso***: senso de limpeza. Como tudo está organizado, cabe manter o local limpo. É a adoção do hábito de limpar o local de trabalho, mantê-lo livre de poeira ou qualquer tipo de sujeira. Adote cestos de lixo, use espanadores de pó para pequenas ações de limpeza. Estabeleça um processo de limpeza mais eficaz de móveis, equipamentos e ferramentas, seja de forma autônoma ou junto a uma equipe específica para tal, como pessoal de conservação ou manutenção.

4. ***Seiketsu***: senso de saúde. Voltado para a saúde do trabalhador. Empresas podem adotar programas de ginástica laboral, reservando 10 ou 15 minutos ao dia para práticas de alongamento, exercícios leves, além de promover palestras sobre combate ao tabagismo, consumo de álcool e adoção de exercícios. É possível também dar apoio à participação em corridas, maratonas, convênios com academias, etc. A adoção de móveis ergonômicos e a redução de movimentos em excesso, por meio de revisão de layouts ou métodos de trabalho, também fazem parte deste princípio.

5. ***Shitsuke***: senso de disciplina. Educação do trabalhador para a melhoria contínua como hábito. É neste princípio que se busca o compromisso das pessoas em manter os quatro hábitos antes apresentados, para que eles se constituam como cultura.

Como foi possível perceber, são cinco termos da língua japonesa que começam pela letra "s", por isso o nome 5S.

O maior desafio da adoção do 5S nas empresas não está na sua implantação, mas na sua manutenção, na garantia de que as práticas ensinadas serão adotadas e continuadas, fazendo parte das rotinas de trabalho. É comum adotar auditorias para verificação da aderência e continuidade dos princípios. Tanto em empresas de serviço como de manufatura pude vivenciar estruturas de estratégias de implantação que implicavam em fases como: a) sensibilização e comunicação da ferramenta para todos na empresa; b) treinamento; c) formação de multiplicadores e auditores internos; d) implantação nas áreas; e) primeira auditoria de certificação interna da área; e f) auditorias anuais para manutenção das certificações.

5.2. SIPOC

O SIPOC basicamente resume bastante do que explorei antes, proporcionando simplicidade e um grande poder de compreensão às equipes de melhoria. SIPOC é uma sigla para cinco termos: *Supplier*, *Input*, *Process*, *Output* e *Client*, que seriam: "fornecedor", "entrada", "processo", "saída" e "cliente". A ferramenta é simples e de fácil aplicação – na verdade, é um jogo de preencher lacunas, com o objetivo de identificar junto às pessoas que atuam no processo quais são seus elementos, suas variáveis, enfim, tudo que compõe e interfere na performance do processo.

A dinâmica de seu preenchimento se faz da direita para esquerda, iniciando pela identificação do cliente do processo, e na sequência os demais fatores, de forma reversa, "começando pelo fim". Atente para a Figura 10.

S	I	P	O	C
Suplier / Fornecedor	Input / Entrada	Process / Processo	Output / Saída	Client / Cliente
Quem são os fornecedores que provêm as entradas? Toda entrada deve ter um fornecedor.	Quais são as entradas necessárias para a operação fabricar o produto? Estes elementos são essenciais para a fabricação do produto, implicam na sua qualidade.	Qual é o processo em perspectiva? Este é o processo ou operação em estudo que se espera melhorar.	Qual é o produto do processo? O que realmente o processo entrega? Com o quê de fato o processo ou operação provê o cliente.	Quem são os clientes do processo? Ou seja, quem recebe as saídas, quem se beneficia do processo

← Preenchimento

Figura 10. Ilustração do SIPOC. Fonte: o autor.

É comum fazer seu preenchimento à mão, escrevendo ou colando *post-its*. Em alguns casos, dependendo do especialista, usa-se também um computador. Veja a Figura 11.

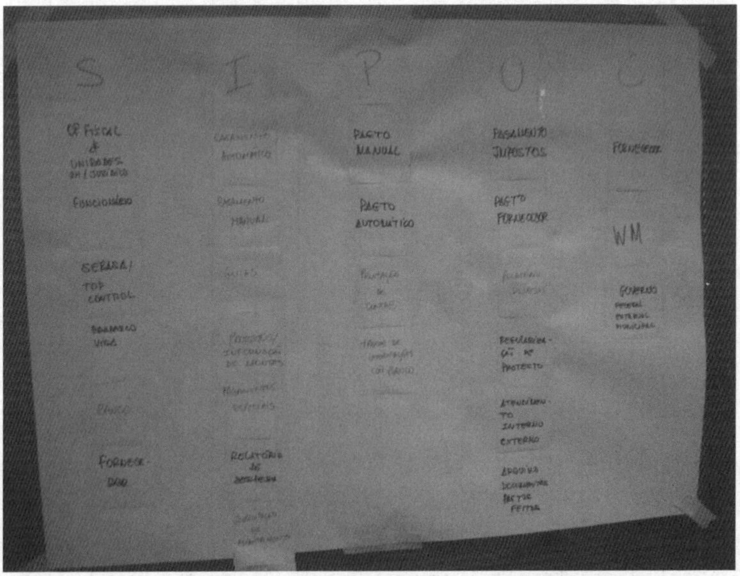

Figura 11. Exemplo de um SIPOC feito à mão. Fonte: o autor.

Tabela 2. Exemplo de um SIPOC feito em tabela no computador. Fonte: o autor.

S	I	P	O	C
Projetos capital	Pedido *packlist* – Requisição	COMEX	Nacionalização	Projetos capital – Importação e exportação
Revenda	Documentos de embarque	Logística	Frete – Contratação	Revenda
Produção de líquidos	Documentos de desembarque – RIDA	Desembaraço/ CAP	Liberação de carga	Produção de líquidos (importação, exportação e carretas)
Exportação	NF		Solicitação de numerário	Exportação
Carbureto	Prestação de contas		Prestação de contas	Carbureto
Cilindros			Custo real	Cilindros
Outras unidades			Ajustes	CAP
Fornecedor			Documentos importação e exportação	Gestão fiscal
Agente de carga			Embarque	Contabilidade
Despachante			Despacho de exportação	Câmbio
Produtos especiais				Produtos especiais
Distribuição de líquidos				Distribuição de líquidos

Há algumas variações ou aprimoramentos na aplicação do SIPOC. Alguns especialistas inserem informações adicionais, como os "requisitos" do cliente em relação às saídas em uma coluna específica, geralmente entre as colunas "saídas" e "clientes". Outros já apontam os requisitos diretamente nas descrições das saídas. Por exemplo: imagine que você esteja estudando um processo de lavagem de automóveis de um centro de serviços em um posto de gasolina. Observe a Figura 12.

S	I	P	O	Requisitos do Cliente	C
Almoxarifado	Água	Lavagem de carro	Limpeza externa	Sem danos ou arranhões não existentes antes	Proprietário do auto
Manutenção	Shampoo		Limpeza interna		
Cia de Água	Máquina de Jato		Seca	Pintura brilhosa	
Caixa d'água	Operador de Lavagem		Encerado	Entregue na hora combinada	
Proprietário do auto	Pano		Perfumado		
	Cera		Pontualidade		
	Saco de lixo para auto		Saco de lixo para auto		
	Carro				

Figura 12. Exemplo de um SIPOC com "requisitos de clientes" em destaque. Fonte: o autor.

Realmente é uma questão de estilo e aplicação. Os dados de requisitos podem facilmente fazer parte daqueles inseridos nas saídas.

Outro ponto que se deve observar é que há uma relação entre as "entradas" e as "saídas". Como o SIPOC retrata o processo, as saídas são impactadas pelas entradas, seja pela qualidade (quando falamos de materiais) ou capacitação e habilidades quando falamos de pessoas.

5.3. Mapa de processo

O mapa de processo é a técnica de descrever de forma visual o processo, compreendendo todas as suas etapas. A prática acaba nos colocando diante de um fluxograma, porém desprendido de seus requisitos estéticos de medidas e formatações. Diante do fluxograma, o mapa de processo pode ser entendido como "informal" no que tange às notações e estética. Seu foco é a descrição do processo, de forma (e linguagem) simples e direta.

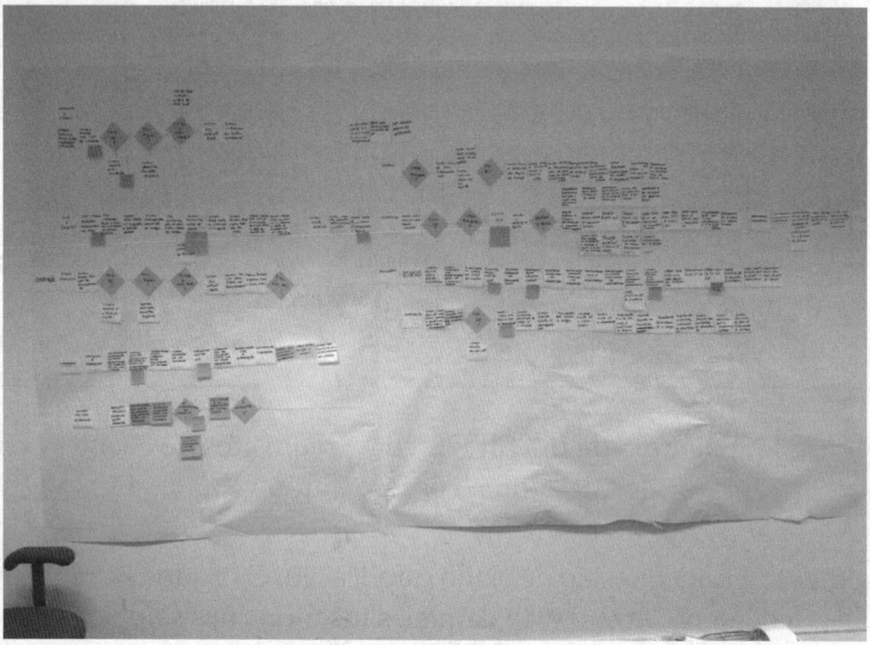

Figura 13. Exemplo de um mapa de processo. Fonte: o autor.

Na Figura 13 pode-se observar um mapa de processo feito com *post-its* colados em folhas de bloco de *flip chart*. É possível observar que basicamente são utilizados como "notação" os retângulos de operações e ações e os losangos de decisão ou pontos de verificação. O mais importante é poder colocar de forma simples, direta e visual uma possibilidade de compreensão e "leitura" do processo. O mapa de processo deve proporcionar a todos discussões e reflexões que direcionem as possíveis melhorias.

Comumente, encerrado o evento, transcreve-se o mapa para um formato eletrônico, quando o especialista pode adotar notações como as de *Business Process Management* (BPM), por exemplo.

A Figura 13 ilustra bem um mapa que é construído junto com a equipe, no momento em que se está detalhando o processo durante o evento. Para isso, o especialista deve iniciar a sua confecção questionando o que se faz a partir do momento em que a solicitação de atendimento ou serviço chega na operação. E, a partir daí, perguntar qual é a sequência de atividades desempenhadas.

Outra prática, e muito eficiente, é a de levar para o evento um mapeamento prévio e já detalhado para apenas ratificá-lo e discutir as possíveis melhorias. Essa estratégia é aplicável quando se tem a possibilidade de fazer o mapeamento de forma bastante detalhada, ter conhecimento e prática consistente nas operações do processo, acesso fácil à área onde o processo ocorre e, antes de imprimi-lo e levar para o evento, validá-lo com o dono do processo.

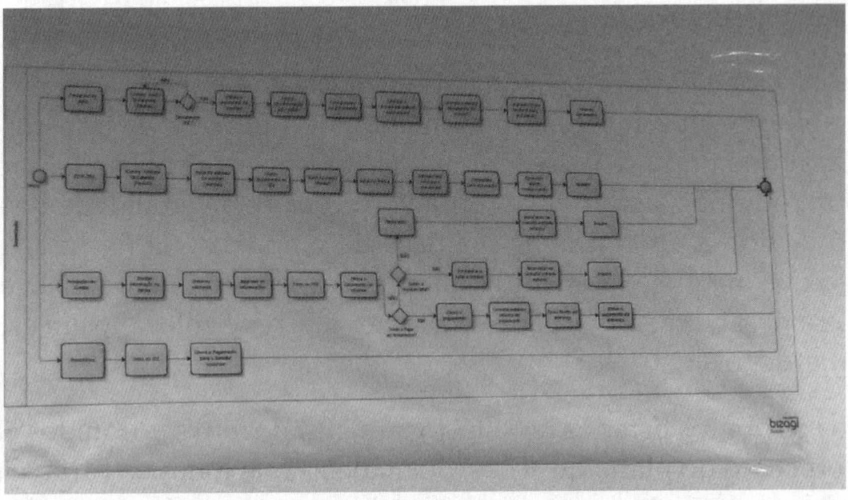

Figura 14. Exemplo de um mapa de processo em formato impresso.
Fonte: o autor.

A Figura 14 mostra um exemplo. Esse mapa foi confeccionado com a ferramenta Bizagi, muito usada atualmente e disponível gratuitamente na internet.

Uma vez colocado o mapa em perspectiva, o próximo passo é discutir as melhorias possíveis.

5.4. Estacionamento

Liderar um evento *Kaizen* não é fácil.

Como colocado antes, o tempo corre contra o especialista. É preciso manter o ritmo para cumprir todas as etapas planejadas e garantir a identificação das melhorias. E, claro, quando se expõem falhas nos processos ou se discute a realocação de atividades entre departamentos, por exemplo, divergências podem surgir. Nesse momento, a atenção do especialista deve redobrar, por dois motivos: certamente informações valiosas serão colocadas pelos envolvidos e isso pode paralisar o evento, tomando tempo, o que é preciso controlar muito bem. Portanto, não perca tempo com discussões que pareçam ser improdutivas ou que possam roubar o tempo – utilize o recurso "estacionamento".

O "estacionamento" é tão-somente uma lista de itens aparentemente sem solução em um primeiro momento, ou um tema de uma discussão acalorada que deve ser retomada depois, sem roubar tempo do evento, ou pode ser ainda alguma verificação de viabilidade de algo novo devido à aderência às políticas da empresa – enfim, qualquer ponto que, naquele momento, durante o desenvolvimento do evento, não era possível ser abordado. O melhor a fazer é colocá-lo em espera e tratar depois.

Todos os pontos listados no estacionamento devem ser tratados antes da confecção do plano de ações, de maneira que todas as variáveis levantadas no evento possam estar contidas no plano. Isto é, você pode deixar de considerar alguma melhoria no plano por estar condicionada a algum item do estacionamento.

O estacionamento é aberto para que qualquer pessoa registre pontos ou visões que acredita devam ser tratados até o fim do evento.

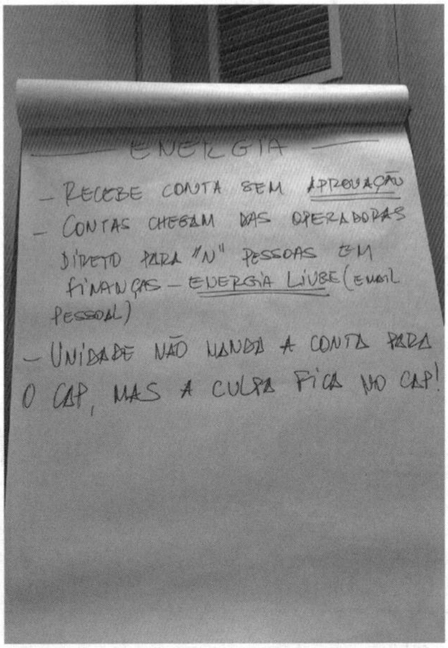

Figura 15. Exemplo de um estacionamento em bloco ***flip chart***.
Fonte: o autor.

Como se pode perceber, na Figura 15 utilizou-se um bloco de *flip chart* em um cavalete para que os participantes pudessem registrar ali itens que deveriam ser tratados especificamente. É o ideal.

5.5. Pareto

Algo que é fundamental para um especialista em melhoria é saber onde investir mais tempo e energia. É natural que, ao iniciar um trabalho de melhoria de processos e produtividade, não se tenha uma ideia clara de qual é a causa-raiz do problema, podendo haver apenas pressuposições e até mesmo "achismos". Então cabe ao especialista triar os elementos e focar naqueles que realmente possam colocá-lo na direção da solução.

Nesse sentido, o princípio de Pareto se mostra muito útil. A aplicação vem de um pressuposto do estudo de um economista italiano do século XIX, Vilfredo Pareto, que concluiu à época que "20% da população fica com 80% da arrecadação, quando que para 80% da população restam apenas 20% da arrecadação", como coloca Rodrigues (2004). Ficou assim a regra ou relação 20/80.

Com base nessa relação, comumente encontramos que 20% dos tipos de eventos em um processo podem representar 80% do desperdício. Com isso, foca-se a energia em resolver prioritariamente 20% das causas, mas obtendo 80% de benefício.

Veja na Figura 16 um exemplo da aplicação da relação de Pareto ao tentar dimensionar a capacidade de uma equipe que atendia a demandas diversificadas.

O que os números dizem?

- ❑ Método para análise
- ***1º passo***: Identificamos as "atividades 80% da demanda de tempo" (Pareto) em cada Operador

Row Labels	Sum of Tempos	%
Entrega de documentos	3010	0,22
Casamento de voucher	2257	0,17
Passar boleto	2081	0,15
Organização E-mail CAPDOCFINANCEIRO	2062	0,15
Notes	1676	0,12
Ida a impressora	737	0,05
Relatório de despesas - Notes	713	0,05

Row Labels	Sum of Tempos	%
Liberação Rápida	2251	0,19
Substituição de Título	2137	0,18
Emissão Bordero Manual	2025	0,17
Consulta Jde	1363	0,11
Entrega de documentos	920	0,08
Montagem Bordero Manual	831	0,07
Notes	664	0,05

Figura 16. Utilização do Pareto para dimensionar a capacidade de um processo. Fonte: o autor.

Nesse caso, após uma análise de tempos e movimentos, o especialista reuniu em uma planilha eletrônica as atividades, suas frequências e o quanto de tempo tomavam a cada vez que eram processadas. Com isso, fez uma análise de Pareto, apontando aquelas que mais consumiam as horas disponíveis da equipe. A partir daí as melhorias alcançadas no processamento dessas atividades implicariam em um ganho significativo de disponibilidade para processamento, o que levaria ao incremento da produtividade daquelas pessoas.

Perceba que estou colocando um exemplo onde 20% de atividades correspondiam a 80% das horas disponíveis de uma equipe. Logo, buscar melhorias em 80% de atividades restantes traria benefícios pífios para o processo.

5.6. Matriz de relacionamentos

Na mesma linha do Pareto, visando focar nos itens mais críticos ou de maior impacto quanto à relação "intervenção-benefícios", em um trabalho de busca por melhorias em uma operação, tracei a matriz com as pessoas/atividades que mais apresentavam relacionamentos entre si, identificando por onde circulava o maior fluxo de demanda da operação, quais os recursos humanos e atividades envolvidos no maior volume de demandas, para, a partir daí, justamente buscar identificar melhorias nas atividades desse grupo de pessoas, o que me levaria a obter impactos significativos.

É a mesma relação do Pareto: buscar focar energia onde poderemos obter mais benefícios.

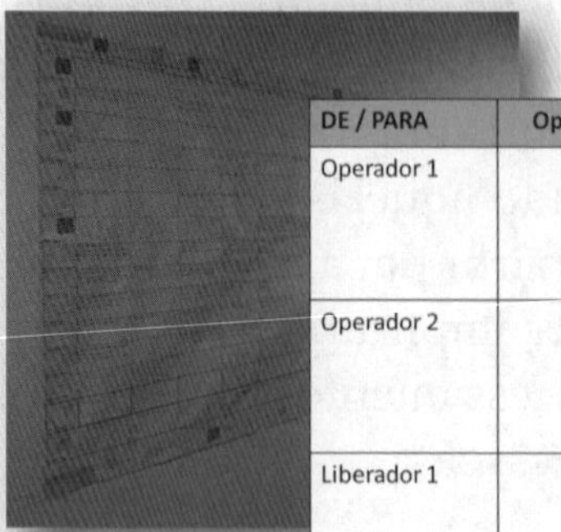

DE / PARA	Operador 1	Operador 2	Liberador 1	Aprovador 1
Operador 1			Entrada de Boletos Bancários; Contas de Concessionárias.	
Operador 2			Pagamentos de Comissões; Pagamentos de Frete.	PARA
Liberador 1			DE	Borderô Eletrônico de NFs de Produto; Borderô Manual de Concessionárias.
Aprovador 1				

Figura 17. Exemplo de uma matriz de relacionamentos de uma operação. Fonte: o autor.

A ideia é realmente muito simples: é uma tabela "de-para", na verdade. Para estruturá-la é fácil.

1. Verifique se há um contexto favorável para aplicar a matriz. Neste exemplo, a área possuía uma teia de relacionamentos constituída por operações que "alimentavam" umas as outras.

2. Mapeie a área, faça uma abordagem "corpo a corpo" com as pessoas, buscando conhecer suas atividades e detalhá-las.

3. Identifique, para cada operação ou pessoa, seus fornecedores e clientes, sejam internos ou externos.

4. Plote as informações em uma matriz "de-para" e identifique entre quais pessoas ou operações ocorre o maior fluxo de atividades.

Após finalizar a confecção da matriz, valide as informações e percepções com o gerente de área ou dono do processo e busque discutir oportunidades que possam ser identificadas naquelas atividades. A matriz pode ser aplicada durante o pré-*Kaizen* para refinar as informações sobre o processo e buscar oportunidades. É uma ferramenta para o trabalho de campo.

5.7. 6M ou espinha de peixe

Conhecida como "Diagrama de Espinha de Peixe", "6M" ou "Diagrama de Ishikawa", ou ainda "Diagrama de Causa e Efeito", esta ferramenta também é de simples aplicação e conceito. Com a prática, o especialista passa a usar o conceito por trás do "6M" como norteador em suas observações e situações vividas ao estudar os processos. A ferramenta reúne dois pilares, causa e efeito, visando dar às pessoas a perspectiva de que um "defeito" pode possuir sua "causa" ou "causas" dentre seis opções de variáveis que comporiam o contexto ou o processo. São elas: material; mão de obra; meio ambiente; método; medida; e máquina.

Rodrigues (2004) define os quatro Ms da seguinte maneira:

- **Material:** depende de estocagem, qualidade, especificação, rendimentos ou perdas.
- **Mão de obra:** depende de treinamento, supervisão e motivação.
- **Método:** depende de processo, fluxo, tolerância, instrumentação.
- **Máquina:** depende de manutenção, adequação, capacidade e instrumentação.

O autor então chama atenção para os demais Ms que também são aplicados, que aqui aponto:

- **Medição:** medidas tomadas no processo como forma de quantificar as saídas – por exemplo: a quantidade de retrabalho, as sucatas, etc.
- **Meio ambiente:** relacionado a como os fatores do ambiente no qual o processo é desempenhado o afetam, como iluminação, barulhos, isolamento térmico, mobiliário adequado.

Ao elaborar o diagrama, a imagem que o representa será parecida com a de um peixe, conforme a Figura 18:

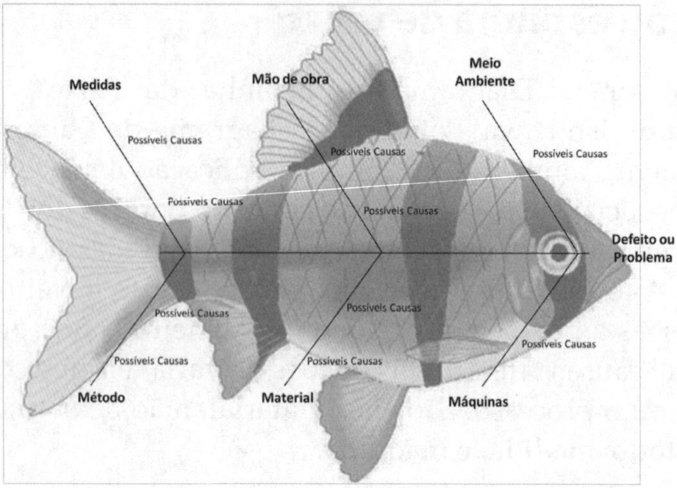

Figura 18. Diagrama 6M ou espinha de peixe. Fonte: o autor.

Para a confecção do diagrama, recomenda-se que o problema a ser tratado esteja perfeitamente definido e delimitado. Isto é, a equipe deve ter perfeita e clara noção do que se busca resolver. Em seguida, deve-se realizar um *brainstorm* para que todos possam listar as possíveis causas, de acordo com cada natureza de possibilidade, isto é, de acordo com cada M.

É importante ter em mente que essa ferramenta é intuitiva, ou seja, ela não vai gerar uma causa definitiva para o problema, mas vai direcionar você para aquelas mais prováveis de acordo com a percepção das pessoas que atuam no processo.

5.8. *Brainstorm*

O *brainstorm* é muito simples realmente. Traduzindo ao pé da letra, seria algo como "tempestade cerebral" ou, como a prática nos coloca, "tempestade de ideias". O método é intuitivo e orgânico e consiste em reunir as pessoas envolvidas em determinado problema, por exemplo, e dar-lhes a liberdade de apontar possíveis causas ou soluções, sem nenhuma regra específica, a não ser "falem o que acreditam que seja".

É importante que ninguém seja tolhido quanto à liberdade de expressar suas ideias ou visões sobre o tema. A prática mostra também que o tempo é um fator determinante na qualidade do exercício das ideias. Realize seu *brainstorm* em até trinta minutos no máximo. À medida que o tempo passa, as pessoas se cansam daquilo ou as ideias se tornam repetitivas.

Atente para as orientações:

- Defina claramente o objetivo, seja apontar causas de um problema ou possíveis soluções.
- Controle o tempo, não se delongue com a atividade.
- Estimule a participação de todos, mas reúna pessoas que possam realmente contribuir, que tenham conhecimento e prática dentro do contexto em questão.
- Use um quadro branco ou um *flip chart* para que todos possam simplesmente visualizar as ideias que vão surgindo, e deixe-as em perspectiva.
- Deixe a participação e as contribuições fluírem, dê liberdade para que as pessoas se exponham.
- Ao perceber que já foi suficiente, passe para um próximo estágio, que é o de buscar entender com a equipe os pontos colocados – faça o processamento do encontro.

Por fim, deixe claro para todos quais foram os produtos daquele exercício, as ideias principais, as crenças a serem testadas. Isso vai estimular as próximas participações.

5.9. Tempos e movimentos

Talvez este seja o método ou a ferramenta que mais tenho aplicado, ou ao menos o de minha preferência, pois permite que façamos intervenções diretamente no método de trabalho das pessoas, a fim de mostrar-lhes que há novas e melhores formas de executar as tarefas, conferindo-lhes mais produtividade.

O método de tempos e movimentos requer paciência e muita atenção, além de exigir do especialista uma habilidade maior para lidar com pessoas, incluindo a capacidade de enfrentar resistências e até posturas frontalmente contrárias às dele. Quando se faz um estudo desse tipo, não há como deixar de considerar que se está avaliando também o indivíduo que executa as tarefas. Portanto, é natural encontrar posturas não muito favoráveis, pois muitas pessoas se sentem vulneráveis ou expostas, realmente avaliadas, postas à prova.

Basicamente, o método consiste em observar o trabalho, a sequência de tarefas realizadas pelas pessoas, adicionando medições de tempo a cada produto finalizado, permitindo medir eficiência do processo e dos recursos. No entanto, deve-se entender que não é uma questão de observar apenas o trabalho das pessoas, e sim todo o conjunto, incluindo as tarefas manuais e aquelas executadas por máquinas e equipamentos. As medições incluem tempos de processamento manuais, aqueles realizados pelas pessoas, mas também o tempo de processamento de sistemas e máquinas, o chamado "tempo de máquina". O foco é analisar a execução das tarefas como um todo, considerando todas as variáveis presentes.

Para realizar as análises do método, o especialista deve conhecer alguns conceitos específicos de estatística para fazer cálculos e obter conclusões baseadas em aspectos quantitativos. A ideia é tomar decisões quanto às melhorias cabíveis fundamentado em números e utilizando indicadores estatísticos.

Para a aplicação do método, o especialista pode ter recursos como cronômetros, máquinas de fotografia e filmagem, celulares, lápis, canetas e blocos para anotação de observações. O importante é realmente não perder os detalhes de vista. Observe atentamente, com calma e paciência. Concentre-se.

Visando minimizar as possíveis posturas contrárias ou resistentes ao método e, principalmente, buscando evitar que a pessoa executora da tarefa seja um obstáculo para a melhoria, o especialista, antes de iniciar as observações, deve conversar com a pessoa ou equipe observada e mostrar a importância de sua participação e da forma correta, executando suas atividades normalmente, sem se sentir avaliada ou fragilizada. É importante ter sempre as pessoas como parte da solução. Para esse método, deixar as pessoas confortáveis é fundamental.

Outro ponto para o qual também deve-se atentar é o de reservar bastante tempo para esse método, de maneira a ter bastante amostragem de movimentos e medições, pois certamente as pessoas vão variar em seus movimentos ao longo do tempo e, muito possivelmente, vão fazer as tarefas em maior velocidade, justamente por acreditarem que estão sendo avaliadas. Portanto, tenha uma gama robusta de observações. Costumo obter algo entre metade ou um dia inteiro de observação. Vai depender do giro do processo e de outras variáveis que o especialista deve considerar de acordo com o processo em estudo.

Figura 19. O especialista observa a execução de tarefas de uma funcionária enquanto faz as anotações e tomadas de tempo. Fonte: o autor.

A Figura 19 mostra um exercício de tempos e movimentos. Nesse caso, o especialista observa o trabalho de uma funcionária ao realizar o processamento de uma série de transações. O especialista atenta para as interações da funcionária com sistemas e formulários físicos, tomando nota de fatores que levam a perder produtividade e incorrer em espera, como lentidão em sistemas ou mau desempenho de um computador com uma configuração defasada, por exemplo, ou tarefas que tenha que executar rolando muitas telas de sistemas. No momento das observações, é importante que o especialista busque conhecer todos os detalhes das tarefas com a pessoa que a executa e identificar e entender quais são os fatores que mais roubam sua produtividade, como formulários incompletos, dados ou informações que sejam imputadas erradas pelos usuários, etc.

Figura 20. O especialista observa a execução de tarefas de uma funcionária cronometrando seu tempo em um telefone celular. Fonte: o autor.

Na sequência, mostrarei alguns exemplos de análises feitas na operação de processamento de notas fiscais, já relatada anteriormente. Observe as figuras 21, 22 e 23.

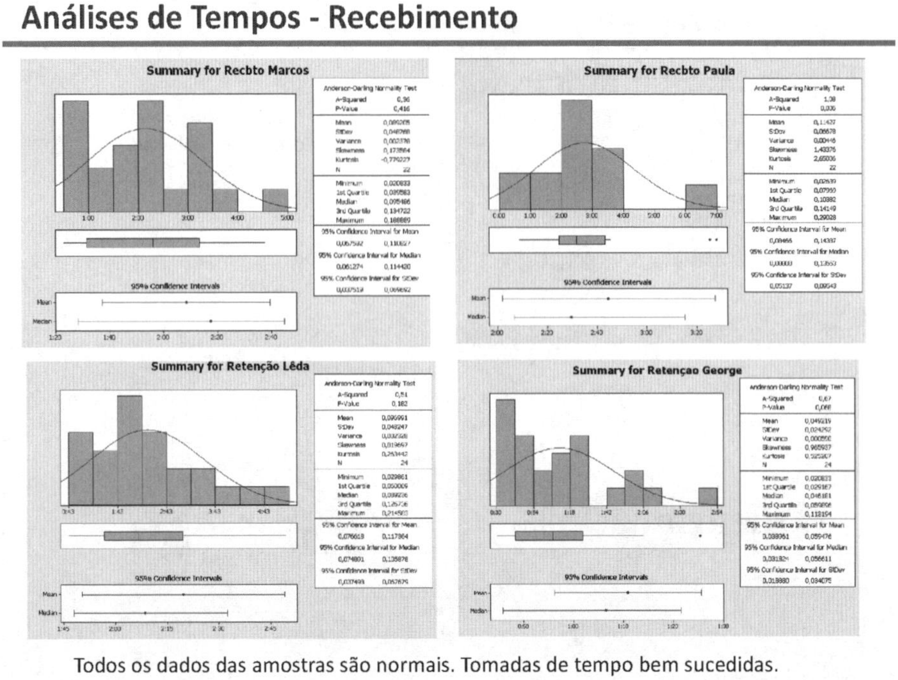

Figura 21. Exemplo de *slide* com análises estatísticas. Fonte: o autor.

A Figura 21 exemplifica uma apresentação de medições de tempos feitas com quatro funcionários. Os gráficos foram gerados a partir do MiniTab 15, software específico para análises estatísticas.

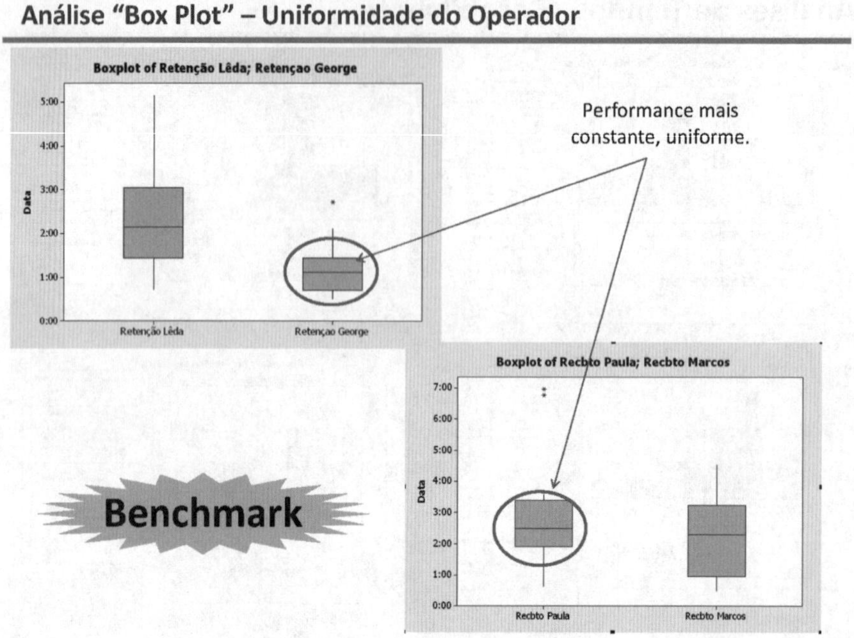

Figura 22. Exemplo de *slide* com análises estatísticas de gráfico *Box Plot*. Fonte: o autor.

Na Figura 22, tem-se um exemplo de gráfico *Box Plot*, por meio do qual o especialista pode visualizar e apresentar melhor a diferença de performance entre máquinas ou pessoas. Por ser uma ferramenta visual, melhora o entendimento por parte daqueles que não conhecem os indicadores estatísticos. O exemplo evidencia dois funcionários como *benchmarks*, ou seja, aqueles de melhor performance no processo, os que apresentaram maior constância nos resultados de tempos.

Percepções

- Desperdício
  - "Demandas-defeito" – 64% das solicitações de Recebimento são defeitos. Em ambos os operadores, de 22 transações, 14 eram defeitos.

"Recebimento Bom" "Recebimento Defeito"

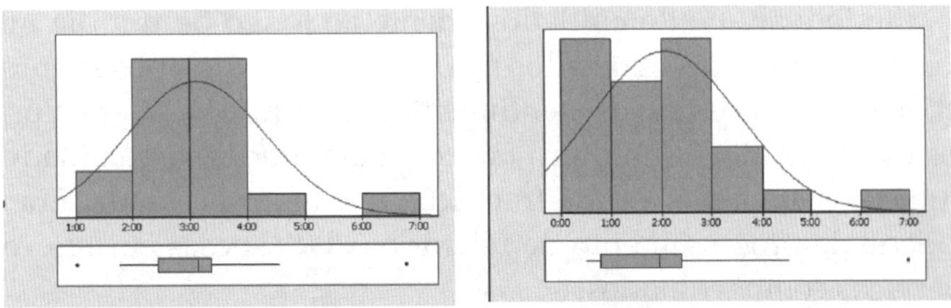

O recebimento bom é mais uniforme, ou seja, nos permite maior possibilidade de produtividade. Isto é, estamos perdendo em qualidade e quantidade.

Figura 23. Exemplo de *slide* com análises de performance entre processos com e sem defeito. Fonte: o autor.

No exemplo da Figura 23, temos duas curvas. A primeira, "Recebimento Bom", traz somente a análise de tempo dos processamentos de transações que chegaram corretas para a operação, com todos os dados inseridos, padronizados e que puderam logo ser processadas. Já a outra, "Recebimento Defeito", mostra a análise das transações recebidas com defeitos, que geram ou retrabalho ou processamento nulo para a operação, quando apenas precisa-se cancelar a transação e redirecioná-la ao usuário.

Nesse caso, o especialista identificou que a produtividade era maior quando a operação processava somente as transações corretas. Do contrário, a performance caía, o que foi possível perceber por meio das observações e poder a partir daí tomar decisões de melhoria. Identificou também que a maioria das transações que chegavam para a operação era "defeitos". Ou seja, a operação tinha sua produtividade drenada pela falta de padronização no envio das demandas.

Já na Figura 24, a seguir, trago um exemplo de uma ilustração feita para mostrar a não comprovação de uma tese que era defendida por uma área para justificar a alocação de dois recursos humanos em uma atividade. Alegava-se que os atendimentos telefônicos feitos roubavam a capacidade dos executores. Diante disso, e não acreditando na defesa que era feita, fui a campo fazer a coleta de dados e os testes, observando e anotando cuidadosamente ao longo de um dia inteiro todos os movimentos realizados na operação, evento após evento. Ao final, pude verificar que os atendimentos telefônicos não eram os gargalos da atividade, e sim outro fator: a quantidade e a qualidade dos documentos enviados a cada transação que era processada. Era uma atividade de processamento de relatórios de despesas em um centro de serviços compartilhados.

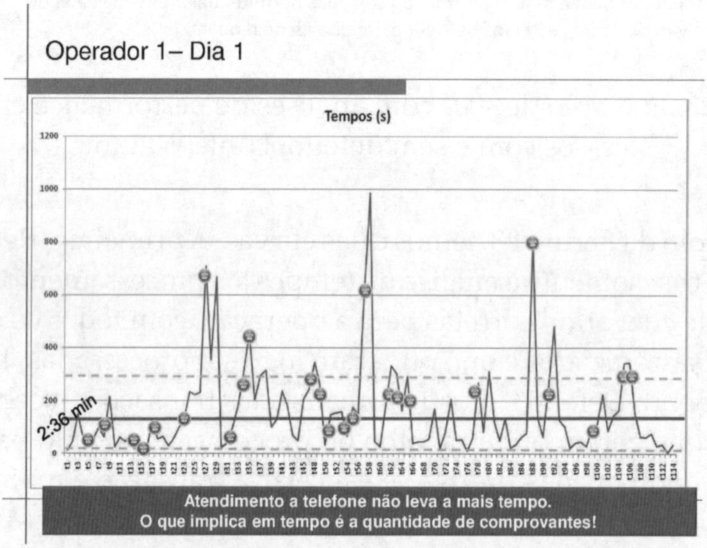

Figura 24. Tempos e movimentos: Interferência de atendimento telefônico.

Repare na linha principal que atravessa o gráfico. Ela aponta que a maioria dos processamentos, 88%, se deu em até dois minutos e 36 segundos. Repare que os ícones com a imagem de um telefone apontam os momentos em que os processamentos ocorreram enquanto se fazia um atendimento telefônico. Perceba que tanto os processamentos de menor tempo quanto os de maior tempo foram feitos em meio a atendimentos telefônicos. Então este não é o fator que determina a perda de capacidade. Se fosse, você visualizaria o ícone do telefone somente nos processamentos de maior duração.

Reforço que o sucesso das análises de tempos e movimento requer do especialista conhecimentos em estatística, para que possa, por meio dos números, testar suas hipóteses e percepções. Tenha também recursos para filmar e fotografar as operações, cronometrar a execução das tarefas e tomar nota de todos os aspectos relevantes que tenha observado.

5.10. Plano de ação/5W2H

Após todas as oportunidades identificadas, é hora de listá-las e dar início às ações que as tornarão realidades, que as materializarão, conferindo ao processo ou operação uma nova realidade, um novo patamar de entregas. Consolida-se então o "plano de ação". Como o próprio nome diz, é um plano, ou seja, é algo a ser realizado e que implica em ações, trabalhos a serem feitos, para que possam alcançar resultados. É importante ter esse entendimento bem claro, pois implementar um plano de ação não é tarefa fácil. Requer muitas habilidades gerenciais e de liderança daquele que for designado como o "responsável" ou "dono" do plano.

Implementar um plano de ação requer foco e energia muito grandes em torno da capacidade de "execução" dos responsáveis pelas ações nele listadas. E também, claro, daquele que foi designado como responsável pelo plano.

Não há um padrão universal de plano de ação, embora eu vá propor uma ferramenta específica para tal. A prática me permite apontar alguns elementos que não podem faltar:

- ❖ **A ação:** o ato em si, aquilo que deve ser realizado.
- ❖ **Responsável:** a pessoa que será responsável por realizar aquela ação, por implementá-la.
- ❖ **Prazo:** a data limite ou provável para a conclusão da ação.
- ❖ **O problema:** qual o defeito ou problema que se pretende sanar com a ação.
- ❖ **Benefícios esperados:** uma vez que o problema seja resolvido, aponte quais serão os benefícios obtidos, sejam eles financeiros ou não.
- ❖ **Custo/Investimento:** gastos financeiros podem ser necessários, dependendo das ações. É preciso apontá-los.

Observe a Tabela 3:

Tabela 3. Parte de um plano de ações de melhorias identificadas em um ***Kaizen***. Fonte: o autor

Item	Problema	Ação	Benefícios	Demanda TI	Custo (R$)	Responsável	*Deadline*	Status
1	A utilização do *office bank* (OB) para o pagamento de borderôs representa uma duplicação de esforços. Documentos previamente liberados e aprovados no JDE devem ser novamente inseridos e aprovados, um a um. Uma hora para inserção do borderô no OB, mais meia hora pelos aprovadores.	Adequação no JDE para que os borderôs sejam enviados em forma eletrônica para os bancos, descontinuando a utilização do *office bank* para essa modalidade de pagamento.	Redução de horas de liberadores e aprovadores	Sim	300	Lucio Silva/ Magno Ambrósio	15/set	Em andamento
2	O excesso de solicitações de pagamentos no mesmo dia (zero hora) impacta na mobilização de recursos (HH) do Cap que deveriam estar envolvidos em atividades programadas e rotineiras. Além disso, afeta negativamente o planejamento financeiro da empresa. Nos últimos 110 dias, 412 pagamentos zero horas foram recebidos, 78% oriundos de operações fiscais.	Time de produtividade avaliar processos e causa-raiz dos pagamentos zero horas oriundos de operações fiscais.	Melhor utilização dos recursos do Cap Melhor planejamento dos desembolsos da WM	Não	NA	Regina Pontes	08/set	Não iniciada
3	O pagamento de concessionárias demanda tempo excessivo do Cap. A dependência da chegada da conta original (papel), bem como a verificação se o pedido já foi processado no JDE, torna o processamento desses pagamentos lento e demanda horas em cobranças e outras atividades improdutivas.	Executar projeto para geração de *input* eletrônico para pagamento de concessionária (digitalização).	Redução de horas de operadores e liberadores	Sim	300	Leandro Costa	30/set	Em andamento

Item	Problema	Ação	Benefícios	Demanda TI	Custo (R$)	Responsável	*Deadline*	Status
4	A apuração e o pagamento de INSS retido sobre serviços são feitos pelo Cap – Atividade demanda recursos do Cap em atividades não inerentes ao Cap. Além disso, o processo atual de apuração e geração de guias é mensal, o que leva a WM a incorrer em multas por recolhimento do INSS em atraso. No período jan-ago/14 a WM incorreu em R$ 113.579 em multas. Filiais contribuem de forma negativa ao enviar as NFs de serviços com atraso.	Transferir trabalho para Operações Fiscais A apuração e o recolhimento passarão a ser diários ou semanais Divulgar *ranking* das unidades que enviam as NFs em atraso para evidenciar a importância do envio das NFs.	Redução de despesas com multas por atraso Liberação de recursos para atividades inerentes ao Cap	Não	NA	Regina Pontes	10/set	Em andamento
5	Gestão de títulos protestados – 82% dos protestos referentes a compras inferiores a R$ 5.000. A diferença entre a prática de prazo de pagamento da WM (60 dias) e o prazo praticado pelos fornecedores de compras diretas impacta no aumento de títulos protestados.	Avaliar pagamentos de compras diretas nos prazos normalmente requeridos pelos fornecedores de compras diretas. Fazer *benchmark* com práticas de compras de pequeno valor e gestão de títulos protestados.	Redução de horas na gestão do processo Redução de despesas inerentes à baixa de protesto de títulos	Não	NA	Lucio Silva/ Magno Ambrósio	15/set	Não iniciada

Ainda no que se refere à composição de um plano de ações, o 5W2H também é uma opção a ser considerada. É mais um jogo de letras que significa termos ou variáveis que compõem algum cenário – nesse caso, ações a serem implementadas. Veja:

- **Where (onde?):** refere-se ao local onde a melhoria ocorrerá – pode ser uma localização de uma operação, um processo, um departamento.
- **When (quando?):** refere-se à data limite, ao prazo, ou à janela de tempo em que ocorrerá – data de início e data de término.
- **Who (quem?):** quem será o responsável pela ação.
- **What (o quê?):** qual será a melhoria, a ação a ser tomada.
- **Why (por quê?):** qual a motivação para a melhoria – podendo ser o defeito, o problema, ou pode-se apontar quais serão os benefícios, o que se pretende alcançar.
- **How (como?):** como será feito – a descrição da ação a ser implementada, as etapas, o que é preciso para ser feito.
- **How much (quanto?):** quais os custos envolvidos, quanto custará para ser implementado.

A prática também mostra que o plano de ação deve conter as informações que o gestor entende serem necessárias para se fazer o gerenciamento de sua execução. É importante garantir a execução das ações. Marque reuniões periódicas para acompanhamento do plano.

Outro fator importante é a priorização das ações. Ao confeccionar o plano, deve-se atentar para os critérios que serão utilizados para priorizar as ações no tempo, seja disponibilidade de orçamento, precedência entre as ações ou aspectos legais (por vezes, ações que devem ser levadas a juízo são iniciadas com prioridade, uma vez que vão incorrer em um tempo de julgamento e decisão por órgãos competentes sobre os quais as empresas não possuem ingerência).

5.11. *Benchmark*

O *benchmark* não é exatamente uma ferramenta – ele é geralmente apontado como técnica. Mas prefiro interpretá-lo como um "senso" do que se precisa ter quando se busca melhorar a performance. Reflita: por que existem os recordes em competições olímpicas ou esportivas de forma geral? Por causa dos referenciais de excelência. São os melhores resultados conquistados por algum atleta ou equipe. Para chegar a esse recorde, foi preciso estabelecer uma rotina de treinos, uma estratégia de competição, enfim, práticas que possibilitassem o alcance de um nível superior de performance. E buscar conhecer essas práticas é a razão de ser do *benchmark*.

Fazer contato com outros profissionais e empresas para conhecer suas práticas, para trocar experiências, para aprender, deve ser um exercício praticado algumas vezes no ano. Isso pode ser feito antes da implantação de projetos de sistemas, de novos processos, novas tecnologias, de maneira que você possa conhecer os erros e acertos de outras empresas para aprender com isso, antevendo problemas, adotando as melhores práticas e adequando-as à realidade da sua operação.

O *benchmark* é excelente para que as empresas não fiquem restritas "aos seus mundos". Olhe para fora, veja o que acontece no mercado. Veja o que outras empresas estão fazendo.

Vale ressaltar que o *benchmark* não se volta apenas para outras empresas. É possível fazer *benchmark* dentro da própria empresa, o chamado "*benchmark* interno". Algumas empresas são realmente muito grandes, até mesmo dispersas geograficamente, ou com grandes divisões e unidades de negócios que acabam constituindo práticas de gestão próprias, que não são adotadas por toda a estrutura. Então é possível aprender internamente, com outras unidades ou áreas.

5.12. Diagrama espaguete

Tanto em operações fabris como de serviços ou processos de suporte, há que se lidar com os problemas que um layout mal estabelecido pode oferecer: deslocamentos de pessoas ou materiais em excesso, idas e voltas dentro da operação, mau aproveitamento do espaço físico e riscos de acidentes, dentre outros que possam ser identificados. Durante as intervenções de melhoria, pode-se de imediato pensar nos desperdícios e entraves gerados e na sequência utilizar o diagrama espaguete para evidenciar os problemas.

O diagrama espaguete é de fácil aplicação. Basta o especialista ter uma planta baixa do espaço ou uma representação em escala produzida pelo próprio. Por vezes, dependendo do tamanho da operação, ou seja, do espaço quadrado que ocupe e da quantidade de equipamentos envolvidos, pode ficar mais trabalhoso, mas, em geral, é simples.

Com a planta do local, incluindo todos os equipamentos ou máquinas, móveis e estações de trabalhos envolvidos na operação, desenhe linhas que representem o fluxo percorrido por um produto, por materiais, pessoas ou formulários físicos ao longo da operação, fluindo entre todos os elementos, passo a passo, para que seja processado. Utilizando o equipamento próprio para medir o quanto em metros o elemento estudado percorre, pode-se ter uma ideia dos desperdícios provocados pelo layout mal estabelecido e traçar as correções necessárias.

Atente para os exemplos a seguir.

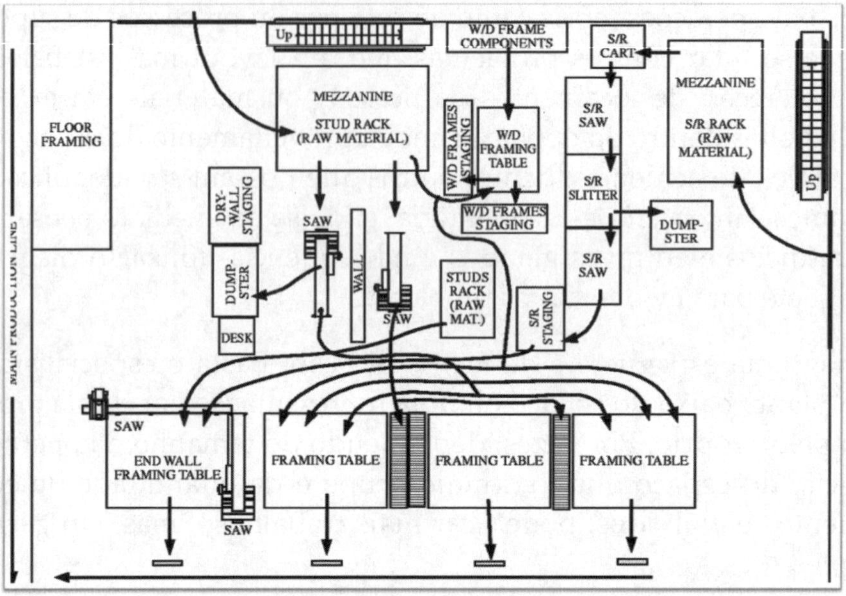

Figura 25. Diagrama espaguete. Fonte: o autor.

A Figura 25 ilustra uma área produtiva e o fluxo de materiais representado pelas linhas com setas, ao longo dos móveis e equipamentos que compõem o layout.

Já nas figuras 26 e 27, podemos ver um exemplo de "antes" e "depois" como proposta para um novo layout a ser estabelecido. Da mesma forma, perceba as linhas que ilustram os fluxos de materiais. Nesse caso, a confecção do layout em escala foi bastante trabalhoso devido ao espaço que a operação ocupava e à falta de uma planta baixa de fácil acesso. Na ocasião, foi necessário que os especialistas medissem toda a área, todos os equipamentos e maquinários, um a um, e os plotassem em cartolina.

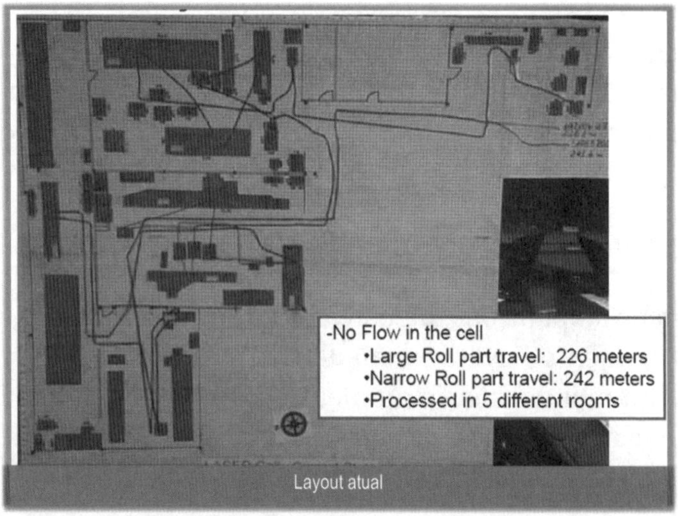

Figura 26. Exemplo de layout atual plotado em cartolina. Fonte: o autor.

A figura aponta que os produtos maiores percorriam 226 metros ao longo da operação e os menores, 246 metros, ambos ao longo de cinco diferentes ambientes.

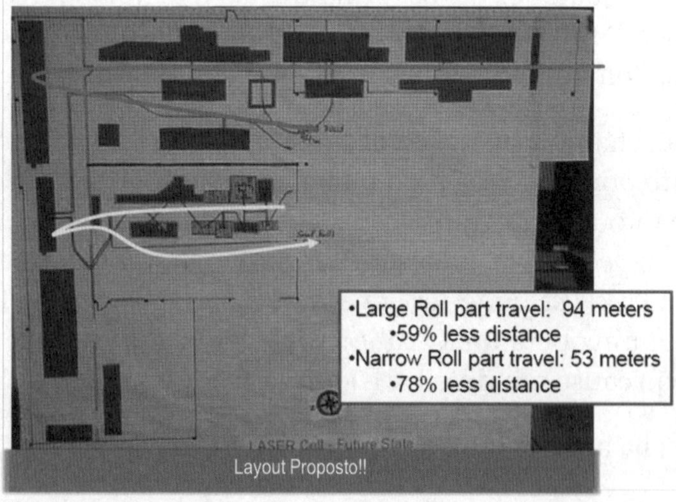

Figura 27. Layout proposto. Fonte: o autor.

Esta figura representa a proposta de novo layout para a operação. Assim, os produtos grandes percorreriam apenas 94 metros e os menores, 53 metros. Menos deslocamento, menos tempo de operação, menos risco de acidentes.

5.13. *Poka-yoke*

Se você gerencia operações intensivas com recurso humano, é certo que em algum momento haverá uma falha. Isso é normal. São pessoas, não máquinas. Erramos em algum momento, seja por falta de atenção, fadiga, uma momentânea falta de concentração, etc. No entanto, a melhoria contínua visa o menor índice possível de defeitos e retrabalhos.

Poka-yoke é um termo, também da língua japonesa, que significaria algo como "prevenir erros de desatenção", como sugere Rodrigues (2004). São geralmente gabaritos ou dispositivos simples que impedem que uma falha ocorra na fonte, ou seja, na oportunidade que se tem de alguém executar uma operação de forma equivocada. Um exemplo simples de um dispositivo como este é a tampa de uma caneta esferográfica. Note que há apenas uma única maneira de tampar a caneta – de qualquer outra forma que se tente, não haverá sucesso ou propositadamente estragará a caneta. O mesmo ocorre ao tentar plugar uma tomada: há apenas uma única forma de fazê-lo.

No entanto, chamo a atenção para o fato de que um *poka-yoke* impede eficazmente por si só que algo de errado seja feito. Já adverti profissionais quanto à ideia equivocada de que procedimentos ou mesmo *checklists* são *poka-yokes*. Não são. Um procedimento pode não ser seguido. Um *checklist* pode ter uma de suas etapas negligenciadas ou puladas por um operador. O *poka-yoke* é efetivo em garantir que a ação humana não cause um defeito. É simples e eficaz.

Lembre-se: há apenas uma única forma de tampar a caneta.

Por fim, as ferramentas retratadas aqui são apenas algumas do rico portfólio que as metodologias oferecem. O que determinará quais ferramentas usar será o desafio que se tem pela frente. É fundamental para o especialista ter material para consulta acerca da aplicação das ferramentas. Além disso, a fim de determinar quais utilizar, é primordial realizar um excelente trabalho de campo, um pré-*Kaizen* bem estruturado, e traçar a estratégia de melhoria antes de ir a campo realizar o *Kaizen* em si. O planejamento das ações e consequentemente das ferramentas que serão aplicadas deve ser feito antecipadamente pelo especialista.

5.14. Implantação e sustentabilidade das melhorias

Uma vez que as melhorias foram identificadas, é hora de colocar a mão na massa e implementá-las. É nesse momento que o especialista torna realidade as expectativas, teses e planos. É o momento de materializar o estado futuro e fazer dele presente e padrão a ser seguido.

O especialista deve articular todas as ações necessárias, buscar aprovações, apresentar as propostas de mudanças para seus patrocinadores, buscar verbas em orçamentos, acionar outros departamentos, como TI, Suprimentos ou Compras, Engenharia, Manutenção, por exemplo, em razão da natureza da intervenção que será empreendida, seja uma customização de sistemas, uma negociação com fornecedor, uma modificação em algum projeto de produto, uma adaptação de maquinário, etc.

É crítico que o especialista seja ativo e presente. O gestor da área ou processo foco do estudo não deve se sentir abandonado ou negligenciado, tendo apenas um plano de ação nas mãos e nenhum apoio ou orientação para que este seja executado. O especialista deve liderar as mudanças.

E, claro, uma vez que as melhorias são implementadas, é preciso garantir que elas são realmente "melhores", ou seja, que as intervenções feitas de fato surtiram efeito positivo. Para isso, é preciso possuir mecanismos de acompanhamento da performance do processo, como indicadores de desempenho, que possibilitem a aferição de melhoria. É comum o emprego do conceito de "antes e depois", de maneira que fique claro e evidente que houve melhoria.

É fundamental o cálculo de métricas que permitem analisar se o processo está realmente melhor. Observe a Figura 28.

ANTES

Descrição	Janeiro	Fevereiro	Março	Abril	Maio	Junho	Julho	Agosto	Setembro	Outubro	Novembro	Valores de Referência
Qtd de trechos Total	1.760	2.011	2.131	2.397	2.539	2.130	2.092	2.416	2.437	2.135	2.476	
Ticket Médio Geral	343,53	301,02	362,60	325,12	352,49	330,19	352,98	335,15	422,93	428,30	437,89	
Valor total Gasto	604.616,12	605.350,38	772.707,39	779.316,45	894.974,09	703.302,86	738.435,39	809.723,47	1.030.672,29	914.417,60	1.084.226,77	
Média ATP WM	1,00	3	2	3	3	2	2	1	1	2	3	2,09
3 DIAS ATP TICKET MÉDIO	324,56	245,22	251,33	310,08	334,21	302,11	289,66	322,33	374,14	384,22	436,55	
Qtde Trechos acima de 2	1433	1219	1452	2145,33	2.151	1.427	1.421	1.428	2.170	1.334	2.281	
Ticket Médio Trechos abaixo 2d	327	792	679	252	388	703	671	988	267	801	195	
% trechos ruins	0,81	0,61	0,68	0,90	0,85	0,67	0,68	0,59	0,89	0,62	0,92	0,75
Custo a mais com trecho ruim	0,01	2,23	1,70	-0,19	0,16	1,33	1,32	2,07	-0,29	1,08	-0,55	0,81

DEPOIS

Descrição	jan/12	fev/12	mar/12	abr/12	mai/12	jun/12	jul/12	ago/12	set/12	out/12	nov/12	dez/12	Acumulado
Qtd de trechos	1732	1592	2251	2022	2255	2122	1811	1546	1456	1642	1845		
Ticket Médio	476	476	390	486	304	300	326	380	317	550	353		
Valor total Gasto	824.610	758.365	878.657	981813	934250	972457	789404	644193,94	613204	903798	879276		
Média ATP WM	5	6	6	6	6	5	3	7	6	5	6		
5 DIAS ATP TICKET MÉDIO													
Trechos abaixo 3 dias (passagem ruim)	468	400	640	423	1118	927	911	841	562	805	573		
Ticket Médio ruim	468	506	419	532	361	333	319	569	416	368	381		
% passagem ruim	0,27	0,25	0,28	0,21	0,50	0,44	0,50	0,54	0,39	0,49	0,31		
Passagem Boa	1264	1192	1611	1599	1137	1195	900	705	894	837	1272		
Ticket Médio Boa	349	466	379	485	290	254	285	225	262	241	320		
Ganho operacional	0,48	0,50	0,46	0,54	0,25	0,31	0,24	0,20	0,36	0,26	0,44		
Ganho Financeiro (R$)	98.342	31.591	41.691	51.142	40.276	52.051	15.043	108.154	81.025	53.612	49.157		*622.086*

Métrica Operacional	Melhora do Processo = % Médio de Passagens ruins 2011 - % de passagens ruins no mês 2012
Metrica Financeira Proposta	% Médio de Passagens Ruins 2011 - % de Passagens Ruins no mês 2012 X total de passagens no mês 2012 X (vlr ticket médio passagem ruim - ticket médio passagem boa no mês 2012)

Figura 28. *Baseline* de "antes" e "depois" e métrica para aferição de melhorias. Fonte: o autor.

A Figura 28 mostra o "antes" e o "depois" de um processo de compra de passagens aéreas. Nesse exemplo, após algumas simulações e cálculos simples, além de *benchmark* feito com grupos específicos de empresas, foram traçadas diretrizes para compra de passagens aéreas com no mínimo cinco dias de antecedência em relação à data de embarque. Antes, em média, as compras aconteciam somente três dias antes. Vale lembrar que existem outras variáveis que afetam o valor da passagem.

Em suporte à gerência responsável pelo processo, o especialista traçou indicadores que possibilitassem, antes, verificar se realmente haveria melhorias se as passagens fossem compradas com maior antecedência – e também para que a gerência pudesse acompanhar se as orientações e ações para garantir tal antecedência mínima estavam sendo cumpridas realmente. À época, fluxos de aprovação para exceções foram implantados, itens de política de compra de passagens e despesas de viagens foram revistos e comunicados e foram feitas orientações para toda a empresa.

Os controles implantados permitiram acompanhar o sucesso das ações e entender melhor como o comportamento de compra ocorria. Após os quatro primeiros meses, o indicador de melhora operacional sofre uma queda, que se mantém por mais uns quatro meses. Logo no segundo mês de queda, ações de reforço quanto aos novos procedimentos foram realizadas, o que possibilitou recuperar a performance antes do final do ano. E, claro, foram respeitadas as urgências e prioridades.

Portanto, é preciso garantir a sustentabilidade da melhoria, ou seja, assegurar que os novos procedimentos realmente serão seguidos. Não basta treinar e orientar, é preciso gerenciar e acompanhar até que os novos padrões se tornem cultura.

O QUE SABEMOS ATÉ O MOMENTO?
» Há um rico portfólio de ferramentas de melhoria para serem aplicadas pelo especialista de melhoria de processos.
» As soluções devem ser sempre simples e práticas, de rápida e simples implantação.

6. O Especialista de Processos

Ao longo dos mais de dez anos em que trabalho dedicado à gestão e melhoria de processos, pude conhecer diversos profissionais da área realizando projetos, elaborando treinamentos, sendo treinado por eles, treinando-os, recrutando-os, além de participar da elaboração de políticas para premiação, traçar critérios para seleção de profissionais, programas de carreira, seleção de projetos, etc. Pude observar bem o perfil desses profissionais e as principais características daqueles que construíram carreiras bem-sucedidas e que entregaram resultados consistentes por meio de suas práticas.

Então, gostaria de abordar os aspectos que considero relevantes para a construção de uma carreira sólida e bem-sucedida como especialista de processos, deixando algumas orientações àqueles que se interessem pela área, que nela já atuem ou que desejem ingressar nessa jornada.

A abordagem se dará em duas dimensões: a técnica, apontando as questões relacionadas ao tecnicismo da atuação do profissional, como formação, conhecimentos, domínio das ferramentas, etc., e a comportamental, apontando questões relacionadas às competências e habilidades.

Na dimensão técnica, começo pela formação educacional. Aqueles atuantes em processos produtivos (de manufatura, por exemplo) em maioria são engenheiros. Poucas vezes conheci alguns administradores ou pessoas com outra formação. Já aqueles envolvidos em processos administrativos, transacionais e *back office* são, em geral, administradores, contadores ou estatísticos. Lembrando que não estou apontando dados oriundos de pesquisa, mas apenas das experiências que venho tendo ao longo dos anos.

No entanto, o principal, na prática, não é apenas a formação, e sim o quão consistente ela é. Todos possuíam um domínio evidente do tecnicismo, além de visões críticas e compreensão clara dos contextos examinados. A sólida formação constituída na realização de cursos certamente foi o mais importante.

Outro aspecto é o domínio dos fundamentos de metodologias como *Lean*, Six Sigma e movimento da Qualidade Total. O *Lean* fundamenta-se na eliminação dos desperdícios, na simplificação dos processos. O Six Sigma, por sua vez, foca na eliminação de defeitos, neutralizando ou corrigindo suas causas-raízes. E a Qualidade Total visa compreender o que o cliente deseja, de maneira que os produtos e processos possam entregar um pacote de valor – produto ou serviço ou um *mix* de ambos, em geral – que garanta sua satisfação, salientando ainda o engajamento e envolvimento de todos os níveis da organização. Não seria também um equívoco pensar que as três visões são complementares e que os especialistas, na prática, se apropriam das ferramentas e dos pressupostos dessas metodologias aplicando-as de acordo com os desafios que encontram? A sólida base conceitual nos permite uma sinergia muito interessante quanto ao emprego dos conceitos que as metodologias oferecem.

Derivado do conhecimento das metodologias, aponto o domínio de ferramentas como "Pareto", mapas de processo, 5S, análises estatísticas, espinha de peixe etc. O mais importante é saber qual ferramenta usar dado o contexto ou problema que se pretende resolver. É muito importante que o especialista passe segurança para os times com os quais trabalha, quando propõe empregar uma ferramenta.

Embora tais metodologias ofereçam um passo a passo a ser seguido, como uma sequência para aplicação das ferramentas, levantamento dos dados, validação e processamento destes, incluindo testes de medição e de hipóteses, é fundamental que o profissional possua algum conhecimento, ao menos básico, das práticas e metodologias de gerenciamento de projetos. Hoje é comum encontrar especialistas em processos com certificação PMP (*Project Management Professional*), concedida pelo PMI (*Project Management Institute*), por exemplo. Não que a certificação seja um item obrigatório, mas certamente o conhecimento de ferramentas ou boas práticas é fundamental. E isso agrega muito aos trabalhos do especialista, uma vez que, na verdade, as melhorias são projetos em maiores ou menores portes, dependendo do desafio que se tem. Uma melhoria pode se configurar como um mero desenho de um novo processo de *back office* e seus procedimentos ou até mesmo uma nova logística de processos produtivos ou de distribuição de produtos, envolvendo instalação de novos equipamentos ou mudanças de layout.

Há também um número crescente de certificações específicas para processo. A CBPP (*Certified Business Process Professional*), que tem sido muito difundida no Brasil, é um exemplo. Neste caso em especial, chamo a atenção para o conteúdo muito bem estruturado e prático sobre negócios que esses modelos colocam. A partir deles, o especialista consegue ter uma visão sólida das variáveis que compõem uma empresa, sua operação, sua forma de oferecer produtos e serviços e de fazer dinheiro.

E, claro, não há como não falar delas hoje: as ferramentas de tecnologia usadas para facilitar o trabalho, desde o levantamento de dados, seu processamento, até a confecção de relatórios e apresentação de seus resultados, como cronômetros, dispositivos para filmar ou fotografar, contadores de eventos ou frequência, softwares e suas funções específicas como Excel e Minitab, muito usados para análise de dados, além de sistemas ERP para extração de relatórios e massas de dados. O domínio dessas tecnologias, principalmente aquelas que facilitam a manipulação e análise de grandes massas de dados, é essencial para a robustez e produtividade nos trabalhos realizados pelos especialistas. Em específico, gráficos e ferramentas de natureza visual, como as que o Minitab oferece, são de grande valia para o entendimento de números e seus efeitos e para gerar evidências numéricas, de natureza matemática, que não possam ser discutidas ou questionadas.

Um bom especialista de processos deve saber que o melhor argumento é aquele fundamentado por cálculos e números.

Enfim, tais melhorias devem evidenciar seus resultados, não só operacionais, como também financeiros. É então importante que o profissional possa fazer cálculos envolvendo análises de custos, sendo capaz de dar pareceres sobre o retorno sobre investimentos, decisões de comprar ou fazer (*make or buy*), aumento ou redução de custos ou despesas com uma intervenção proposta.

Já na dimensão comportamental, começo apontando a liderança como aspecto crítico. É intrínseco ao trabalho do especialista de processo ter que engajar pessoas, convencê-las, direcioná-las para algo novo, perceber em um pouco espaço de tempo quais as aptidões, habilidades e competências que ele pode recrutar em uma oportunidade breve para gerar resultado, seja em um *Kaizen*, seja durante um trabalho de campo, para levantamento de dados, seja durante a implantação de alguma intervenção. Portanto, é fundamental ser um líder.

Derivado da liderança, outro aspecto é o de ser capaz de romper paradigmas, de inovar. Um mote que gosto muito e traduz o que é preciso para gerar mudanças nos negócios é o de uma das campanhas da Apple, "Pense diferente" (ISAACSON, 2011, p. 314). É imprescindível que o especialista não se acomode às propostas de mesmice que podem surgir de uma equipe ao longo de um trabalho. É seu papel se colocar como uma "alavanca de inovação". Como um gerente industrial e também especialista *Lean* me orientou uma vez: "você é um agente de mudança". O especialista deve ser o primeiro a quebrar os modelos mentais vigentes, a fazer a equipe encontrar uma nova forma de pensar e de ver os processos. É muito comum encontrar um cenário no qual a solução para algo melhor não havia surgido até então simplesmente porque ninguém se propôs a pensar de forma diferente, a sair do quadrado. Uma expressão que gosto muito de empregar e coloco sempre para os times com os quais trabalho durante uma intervenção qualquer é "faça o voo da águia" - algo como saia do contexto, veja de fora, exclua-se daquele modelo vigente e pense de forma diferente, pense fora dali, saia do problema para encontrar a solução.

Ao abordar mudança, me vem logo à mente a demanda constante pela capacidade de "solucionar conflitos". É raro administrar mudança sem encarar algum conflito. Já passei pela experiência ao desenhar uma nova estrutura e novos processos de *back office* para uma equipe de vendas. Em um dado momento, um dos gerentes presentes levantou a voz e afirmou que não admitiria aquilo, que "desse jeito, eu não faço, não participo" e saiu da sala batendo forte a porta. Por vezes, as mudanças implicam em mexer no *status quo* de algumas pessoas, e aí surge o conflito. Não pense que as propostas de mudanças são simplesmente bem aceitas e todos vão apoiar. Não será sempre assim. É necessário saber lidar com os conflitos, evitá-los quando são desnecessários e enfrentá-los quando são impeditivos para a melhoria. Se o especialista tem argumentos fortes, baseados em números testados e revisados, busque o apoio necessário de poder na estrutura e parta para o conflito de forma segura. O que não pode ser feito é impedir a melhoria por temer um conflito. Em certo ponto, conflitos são saudáveis, basta saber conduzi-los.

Costumo dizer que habilidade para negociação é requisito para qualquer profissional. De fato, negociamos em diversos momentos no nosso dia a dia. E, claro, quando falamos em implementar processos novos ou mudanças em processos já existentes é comum termos que negociar condições e prazos com os donos de processo. Sem contar quando é necessário o envolvimento de algum fornecedor de equipamentos ou softwares e é necessário incorrer em negociações comerciais. Enquanto líder de mudança, o especialista deverá negociar com as partes interessadas como fará para implementar e alcançar os resultados esperados. Negociar é fundamental.

Articular-se com as pessoas na organização é muito importante. Ser uma "pessoa de relacionamentos", alguém com capacidade para criar e cultivar relacionamentos, é importante para os momentos em que o especialista precisa buscar outras visões, opiniões, informações ou pareceres sobre processos que esteja estudando ou soluções em desenvolvimento junto às pessoas na organização, em todos os níveis. Como disse o presidente de uma grande multinacional em uma reunião com toda a sua equipe de produtividade, "só os fracos não pedem ajuda". Se o especialista deve ter liderança, não é para fazer tudo sozinho.

Ouvir o que as pessoas têm a acrescentar é fundamental. Logo, "saber ouvir" é uma habilidade que deve ser desenvolvida. Coletar informações, estar aberto às visões que são colocadas em discussões e reuniões, ouvir o que aqueles que atuam nos processos têm para sugerir como solução ou causa de problemas é importante. O especialista não pode perder nenhuma oportunidade de ouvir o que todos têm para dar como contribuição. Trabalhar com pessoas para construir algo implica em ouvi-las, em dar-lhes a oportunidade de se expressar e de colocar seus pontos de vista. Em produtividade, a participação das pessoas é fundamental. Portanto, é bom ouvi-las muito atenciosamente.

Seguindo, planejar é fundamental. O especialista precisa ter visão de futuro, deve saber como construí-la para alguma equipe e planejar como alcançá-la. Como implantar mudança sem planejá-la? Além disso, é rotina do seu trabalho formar um cenário atual e estabelecer um plano para alcançar algo novo. O especialista deve ser capaz de planejar um evento *Kaizen*, uma intervenção em uma operação, um treinamento, a implantação de um novo sistema em aderência a um processo, de criar simulações, de explorar as variáveis que podem afetar seu plano e de traçar contramedidas.

É fundamental ter capacidade de compreender o todo, de entender como a empresa opera, como ganha dinheiro, como funciona o negócio, de forma que possa perceber como suas intervenções afetam a dinâmica do negócio. O especialista deve ter um modelo mental orientado para negócio, visando gerar benefícios reais para a empresa que possam efetivamente melhorar seus resultados. Precisa ter visão de negócio.

Diretamente ligado ao aspecto anterior está o foco em resultado. Um especialista será avaliado sempre pelo resultado que é capaz de gerar, pelas melhorias que gera. Se a razão de ser de sua função é melhorar, como não se preocupar com os resultados que gera para a organização? É comum o especialista possuir metas associadas a reduções de despesas e custos, melhoria de giro de estoques ou de níveis de serviços, etc. As metas são sempre orientadas para resultados que impactam os objetivos de negócio da empresa. Sempre. A razão de ser de um especialista é gerar resultados.

Aprender de forma contínua é outro aspecto fundamental. Qual é o profissional que garante uma carreira bem-sucedida se não tem capacidade de buscar novos conhecimentos? Nenhum. A todo momento empregamos ferramentas e práticas em contextos diferentes, fazemos *benchmarks* com empresas, participamos de eventos sobre o tema, como congressos ou seminários, e verificamos que sempre há algo novo sendo desenvolvido. Além do mais, novas ferramentas tecnológicas surgem frequentemente, adicionando novas facilidades. Por exemplo, veja quantos softwares existem para confecção de fluxos de processos. Ou quantas funções podem ser aprendidas no uso do Excel ou do Minitab. O especialista, como todo profissional, precisa desenvolver seu método de aprender a aprender.

E nada do que abordei até aqui fará sentido se o especialista não possuir algo que é essencial para o sucesso de qualquer profissional em qualquer segmento, empresa ou nível hierárquico. Nada é alcançado se o indivíduo não for motivado. Somente alguém com motivação pode liderar pessoas para algo novo, para encontrar formas melhores e novas de executar algo. E somente alguém que possui seus objetivos muito bem definidos consegue se motivar, pois sabe exatamente aonde quer chegar, o que quer conquistar, as experiências que anseia ter.

Ao longo desses anos encontrei especialistas de processos desmotivados, sem vontade de aprender e de empreender coisas novas. Estavam realmente acomodados, cansados. Todos tiveram suas carreiras interrompidas justamente por esse motivo. Pouca energia empreendida para pouco ou nenhum desafio gera pouco resultado. Portanto, se o profissional em algum momento se pega desmotivado, deve encontrar as causas disso e agir para reverter o quadro. Se os desafios não mais lhe motivam, busque outros, mais complexos, que exijam mais esforço, novos conhecimentos, ferramentas e aprendizados.

É fundamental que o especialista planeje muito bem sua carreira. Em geral, as empresas escolhem esses profissionais, visando que assumam posições estratégicas no futuro. É comum, em congressos de produtividade ou de gestão de processos, a apresentação de casos de estruturação de políticas e programas específicos de recrutamento, treinamento, remuneração, premiação e carreira, desenhados especificamente para esse tipo de profissional. No entanto, nada disso fará efeito se o profissional não tiver seus alvos claros e bem definidos.

Aproveito para colocar aqui um momento fundamental da minha carreira, quando iniciei minhas atividades como *Black Belt*. Um dia, ao entrar na sala de um diretor para lhe entregar um material, de pronto ele me agradeceu e pediu que eu me sentasse na cadeira bem à frente de sua mesa e logo perguntou, de surpresa: "como você se vê aqui na empresa? O que você busca aqui?". O bom foi que eu estava preparado para dar a resposta. Sempre tive em mente que devo sempre saber qual será o próximo movimento, o próximo passo na carreira. Como sempre oriento meus times: "a posição que vocês têm agora não interessa mais. Vocês precisam pensar na próxima".

O QUE SABEMOS ATÉ O MOMENTO?

» O Especialista de Processos deve possuir conhecimento, habilidades e competências que lhe permitam entregar seus resultados de forma consistente.

» Sua carreira pode ser construída desenvolvendo duas dimensões de seu perfil profissional: a técnica e a comportamental.

» O Especialista de Processos pode complementar sua formação com certificações PMP e CBPP.

» É fundamental também dominar as facilidades de ferramentas como Excel e Mini Tab.

» Para que o Especialista de Processos promova mudanças e melhorias é fundamental que seja uma pessoa motivada, com objetivos de carreira estabelecidos e vontade de crescer.

7. Melhoria de Processos, Produtividade e Competitividade

Talvez, ao final do livro, você se questione: "mas por que o foco tão grande em processos agora?". Não é de agora. Sempre houve a busca pela melhoria dos processos, mesmo que de forma não tão estruturada como já se faz há algum tempo, com tantos recursos como os que temos hoje. Os processos existem desde que as primeiras estruturas, mesmo que rudimentares e ainda bastante artesanais, passaram a existir. Sempre houve processos – a questão é que, ao longo dos anos, novos conhecimentos, conceitos, ferramentas e técnicas nos trouxeram uma visão mais apurada sobre o assunto, o que permitiu melhorias incrementais ou verdadeiras rupturas, viabilizando novos horizontes.

O crescente desenvolvimento tecnológico permite melhorias que se dão por meio de rupturas, com as quais se substitui o recurso humano pelo sistema automatizado ou por um robô. No extremo, vimos o surgimento de novos modelos de negócios, viáveis a partir das tecnologias de sistemas via internet, como os sites de comercialização das empresas virtuais. O que são as empresas virtuais, se não a aplicação intensiva da tecnologia no processo?

A realidade é que foi possível amadurecer a visão sobre os processos e assim melhor gerenciá-los.

Todos os conceitos, práticas e ferramentas discutidas até aqui visam a melhoria de processos como meio para as empresas alcançarem maior produtividade e, consequentemente, competitividade.

A melhoria de processos não é um modismo. Nunca foi. É uma constante na gestão das empresas. Da mesma forma, a busca por produtividade também é.

As práticas do mercado mostram que produtividade é produzir mais a partir de menos recursos. Taylor, em sua obra "Princípios de Administração Científica" (1990), defende a busca por maior eficiência nos métodos produtivos como forma de melhora de resultados operacionais e financeiros para as empresas, apresentando práticas que empregava no final do século XIX.

Para Martins (2006, p. 9-16) e Krajewski (2009, p. 10), produtividade pode ser medida pela relação entre o valor do produto ou serviço produzido e o custo dos insumos usados para tal. Uma visão financeira.

Oliveira e De Negri (2014), ao discutirem os desafios da produtividade na visão das empresas brasileiras, apontam outras medidas, como produção física sobre o número de horas trabalhadas na sua fabricação, receita sobre número de empregados e produção física sobre número de empregados.

Como se pode perceber, produtividade representa relacionar a produção ou os resultados alcançados com os recursos empregados. E, como se viu até aqui, o emprego desses recursos se dá por meio de processos.

Assim, afirmo: melhorar processos é gerar produtividade.

E este é o grande desafio.

O estudo com 475 empresas brasileiras e suas percepções sobre os desafios da produtividade, realizado por Oliveira e De Negri, traz um panorama muito rico sobre o cenário brasileiro. Por exemplo, 68% das empresas afirmaram ter obtido ganhos de produtividade entre 2008 e 2013. No entanto, 72% teve aumento nos custos de produção no mesmo período. Ou seja, a produtividade figura como um dreno para a inflação de custos. Outro número que retrata bem o desafio da produtividade é: para apenas 36% das empresas seus ganhos de produtividade superaram o aumento dos custos de produção. Para 60%, os ganhos em produtividade foram menores que o aumento de custos.

Como se percebe, a melhora de produtividade e dos resultados financeiros não é tarefa fácil. E é fundamental para a competitividade.

Um dado que me gera certo desconforto é: 68% das empresas medem a produtividade por meio de indicadores quantitativos. Considerando que em torno de 56% da amostra era de empresas dos segmentos de transformação, construção e extrativo, entendo como baixa a busca das empresas em medir produtividade. E aí volto ao ponto de reflexão: se não mede, como gerencia?

Adiciono aqui uma visão completa sobre produtividade, relacionando aspectos fundamentais para competitividade, trazida de Martins (2006, p. 10-11):

> *A produtividade é assunto importante para qualquer nível da organização. Podemos mesmo dizer que o objetivo final de todo gerente é aumentar a produtividade da unidade organizacional sob sua responsabilidade, sem, no entanto, descuidar da qualidade. Aumento na produtividade fornece meios para o aumento da satisfação do cliente, redução dos desperdícios, redução dos estoques de matéria-prima, produtos em processos e de produtos acabados, a redução nos preços de vendas, redução dos prazos de entrega, melhor utilização dos recursos humanos, aumentos dos lucros, segurança no trabalho e maiores salários. Quase sempre aumentos de produtividade requerem mudanças na tecnologia, na qualidade ou na forma de organização do trabalho, ou em todas em conjunto.*

Martins relaciona a produtividade ao alcance de fatores de competitividade, como melhora na satisfação de clientes, melhor desempenho financeiro e operacional, preço competitivo e aumento de lucros.

A revista Exame, em momentos diferentes, trouxe duas matérias impactantes sobre produtividade e trabalho. A primeira, "A fábrica do futuro", de julho de 2014, e a segunda, "Homem versus máquina", de fevereiro de 2015, mostram o quanto as indústrias no Brasil e no mundo vêm investindo em produtividade como o caminho para a competitividade e sobrevivência no mercado. Investimentos maciços em automação, robótica ou modelos de gestão mais eficientes são palavras de ordem em um mundo globalizado e competitivo.

As empresas serão tão mais competitivas quanto mais melhorarem seus processos.

Nesse sentido, observei até hoje três tipos de empresas, com relação às suas práticas de melhoria de processos e adoção de metodologias em relação aos seus modelos de gestão:

- **Fomentadoras**: possuem programas de qualidade total ou produtividade. Em geral, pregam seus conceitos e algumas ferramentas, treinam funcionários, conquistam e sustentam certificações ISO, mas não ligam suas ações de melhoria à estratégia da empresa, nem as mensuram. São empresas que acreditam nos modelos de melhoria, os pregam, mas não sabem se de fato estão melhorando seus processos. São tímidas acerca de intervenções nos processos da empresa e de medições de melhorias. Na prática, para essas empresas, a adoção das metodologias acaba sendo por "modismo", ou seja, a implementação é superficial.
- **Praticantes:** possuem programas bem estruturados, baseados em metodologias como *Lean* e Six Sigma, treinam e certificam profissionais, desdobram os modelos para seus processos fabris e de suporte, apuram a aderência das práticas por meio de auditorias internas, mas ainda não possuem sistemas robustos de medição – embora tenham indicadores de desempenho, o modelo de gestão ainda não é robusto ou institucionalizado, restringindo-se aos gestores operacionais, sem se integrar com a gestão estratégica da empresa. Não há uma ligação efetiva entre as iniciativas de melhoria e os objetivos de negócio.

- **Implementadoras:** adotam todas as práticas das "fomentadoras" e "praticantes", mas suas melhorias são desdobradas na estratégia da empresa, são oriundas das metas e dos objetivos de negócios, sendo amplamente discutidas e demandadas pela direção. Isto é, a diretoria fornece o rumo das melhorias que se pretende alcançar com base em metas e objetivos traçados para o período. Não há de fato programas de melhoria, mas estratégias de melhorias. Seu sistema de medição é robusto e composto por indicadores que impactam a implementação da estratégia.

Observando os três tipos relatados, pode-se imaginar que as "praticantes" e as "implementadoras" são as que podem obter mais resultados por meio das melhorias. E de fato é o que acontece. A grande diferença entre elas é que as implementadoras amadureceram seus modelos e perceberam que é uma falha encarar as melhorias como parte de um "programa", em vez de ser um modelo de gestão. Comumente, vê-se empresas que possuem "programas *Lean*" ou "programas Six Sigma" que implementam melhorias, mas que podem não estar diretamente ligadas à estratégia da empresa. Práticas e metodologias de melhorias devem ser entendidas como meios para alcançar os objetivos de negócio, o que faz com que se constitua um modelo estratégico de gestão de melhorias.

Posso ilustrar isso relatando a experiência que tive em uma empresa "praticante". Ela possuía um programa muito bem estruturado de *Lean*, com políticas, procedimentos, guia de implementação das ferramentas, práticas recomendadas e uma escala de maturidade por ferramenta de melhoria adotada, indo de 1 a 5 – fraco a maduro, respectivamente. Havia um "Conselho *Lean*" formado por profissionais que eram os *champions* de cada ferramenta, responsáveis por implementá-las nas operações. Auditorias internas eram programadas para manter a continuidade das práticas. O departamento corporativo dos *headquarters* da companhia fazia auditorias a cada dois anos, por meio das quais eram aplicadas notas que iam também de 1 a 5, gerando um *ranking* global.

Em um dos anos, a nota da unidade foi alta, 4,3. No entanto, os seus resultados financeiros foram desastrosos, o que evidenciava uma ruptura entre as práticas e os objetivos de negócio. As vendas também ficaram muito abaixo do potencial que se percebia no mercado. Embora as práticas gerassem uma excelente avaliação, problemas como giro de estoque, fluxo de materiais, retrabalho, atendimento a pedidos, dentre outros fatores, eram nitidamente percebidos e vivenciados.

Para que as organizações se mantenham competitivas é fundamental que tenham um modelo estruturado de gestão de negócio fundamentado em melhoria de processos e produtividade, de maneira que a busca pela melhoria seja uma constante. A máxima da Qualidade Total, "melhoria contínua", é corretíssima e verdadeira.

As empresas serão tão mais competitivas quanto mais investirem em melhoria de processos.

O QUE SABEMOS ATÉ O MOMENTO?
» Melhoria de processos não é um modismo, mas uma constante na gestão das empresas.
» Produtividade significa produzir mais com menos.
» Mensurar é fundamental para gerenciar a produtividade dos processos. Se não mede, não gerencia.
» A melhoria de processos e o alcance de produtividade, visando melhor satisfação de clientes, resultados financeiros e operacionais são fundamentais para a competitividade das empresas.
» No mercado há empresas que apresentam diferentes níveis de maturidade quanto à implementação de metodologias e práticas de produtividade.
» Para que as empresas sustentem sua competitividade é preciso que invistam na produtividade de seus processos.

Referências Bibliográficas

A FÁBRICA do Futuro. **Exame**, São Paulo: Abril, ano 48, n. 12, p. 32-44, 2014.

ABPMP. **BPM CBOK:** business process management common body of knowledge. ABPMP, 2013.

ALVES FILHO, B. **Processos Organizacionais:** simplificação e racionalização. São Paulo: Atlas, 2011.

ARMSTRONG, M. **Como ser um Gerente Melhor:** um guia completo de A – Z de técnicas comprovadas e conhecimentos essenciais. São Paulo: Clio Editora, 2008.

CORRÊA, H.; CAON, M. **Gestão de Serviços:** lucratividade por meio de operações e de satisfação de clientes. São Paulo: Atlas, 2012.

CORRÊA, H.; CORRÊA, C. **Administração da Produção e Operações**: manufatura e serviços: uma abordagem estratégica. 3. ed. São Paulo: Atlas, 2012.

FORBES. **The World's Most Valuable Brands.** Disponível em: <http://www.forbes.com/powerful-brands/list/>. Acesso em: 24 jun. 2015.

GEORGE, M. **Lean Seis Sigma para Serviços.** Rio de Janeiro: Qualitymark, 2004.

IIBA. **Guia BABOK:** business analysis body of knowledge. Versão 2.0. IIBA, 2011.

ISAACSON, W. **Steve Jobs:** a biografia. São Paulo: Companhia das Letras, 2011.

KAPLAN, R.; NORTON, D. **A Estratégia em Ação**: balanced scorecard. Rio de Janeiro: Campus, 1997.

KAPLAN, R.; NORTON, D. **A Organização Orientada para a Estratégia**: como as empresas que adotaram o balanced scorecard prosperaram no novo ambiente de negócios. Rio de Janeiro: Campus, 2000.

KRAJEWSKI, L. **Administração de Produção e Operações**. São Paulo: Pearson Prentice Hall, 2009.

LARAIA, A. **Kaizen Blitz**: processo para o alcance da melhoria contínua nas organizações. São Paulo: Leopardo, 2009.

LAUDON, K. **Sistemas de Informação Gerenciais**. 9. ed. São Paulo: Pearson Prentice Hall, 2010.

MARTINS, P. **Administração da Produção.** 2. ed. ver. aum. e atual. São Paulo: Saraiva, 2006.

MINTZBERG, H. **O Processo da Estratégia**. 3. ed. Porto Alegre: Bookman, 2001.

O FIM de uma Era. **Exame**, São Paulo: Abril, ano 49, n. 2, p. 16-26, 2015.

OLIVEIRA, J.; DE NEGRI, F. O Desafio da Produtividade na Visão das Empresas. *In*: DE NEGRI, F.; CAVALCANTE, L. **Produtividade no Brasil:** desempenho e determinantes. Vol. 1 – Desempenho. Brasília: ABDI: IPEA, 2014.

OSTERWALDER, A. **Business Model Generation:** inovação em modelos de negócios – um manual para visionários, inovadores e revolucionários. Rio de Janeiro: Alta Books, 2011.

RODRIGUES, M. **Ações para a Qualidade:** GEIQ, Gestão Integrada para a Qualidade – Padrão Seis Sigma, Classe Mundial. Rio de Janeiro: Qualitymark, 2004.

ROTHER, M., SHOOK, J. **Learning to See:** value stream mapping to create value and eliminate muda. Cambridge, MA: Lean Enterprise Institute, 2003.

SLACK, N. *et al.* **Administração da Produção**. 2. ed. São Paulo: Atlas, 2002.

SLACK, N. *et al.* **Gerenciamento de Operações e Processos**. Porto Alegre: Bookman, 2008.

SOBRAL, F.; PERCI, A. **Administração:** teoria e prática no contexto brasileiro. 2. ed. São Paulo: Pearson Education do Brasil, 2013.

SORDI, J. **Gestão de Processos:** uma abordagem da moderna administração. 2. ed. São Paulo: Saraiva, 2008.

TAYLOR, F. **Princípios de Administração Científica**. 8. ed. São Paulo: Atlas, 1990.

VALLE, R.; OLIVEIRA, S. (org.). **Análise e Modelagem de Processos de Negócio:** foco na notação BPMN (Business Process Modeling Notation). São Paulo: Atlas, 2013.

+ de 100 Títulos
BRASPORT
e-Book
50% mais barato que o livro impresso.
Confira nosso catálogo!
À venda nos sites das melhores livrarias.

Acompanhe a BRASPORT nas redes sociais e receba regularmente nossas informações sobre atualizações, promoções e lançamentos.

@Brasport

/brasporteditora

/editorabrasport

editorabrasport.blogspot.com

/editoraBrasport

Sua sugestão será bem-vinda!

Envie sua mensagem para marketing@brasport.com.br e informe se deseja receber nossas newsletters através do e-mail.

BRASPORT

Impresso na Rotaplan Gráfica e Editora LTDA
www.rotaplangrafica.com.br
Tel.: 21-2201-1444